el greco

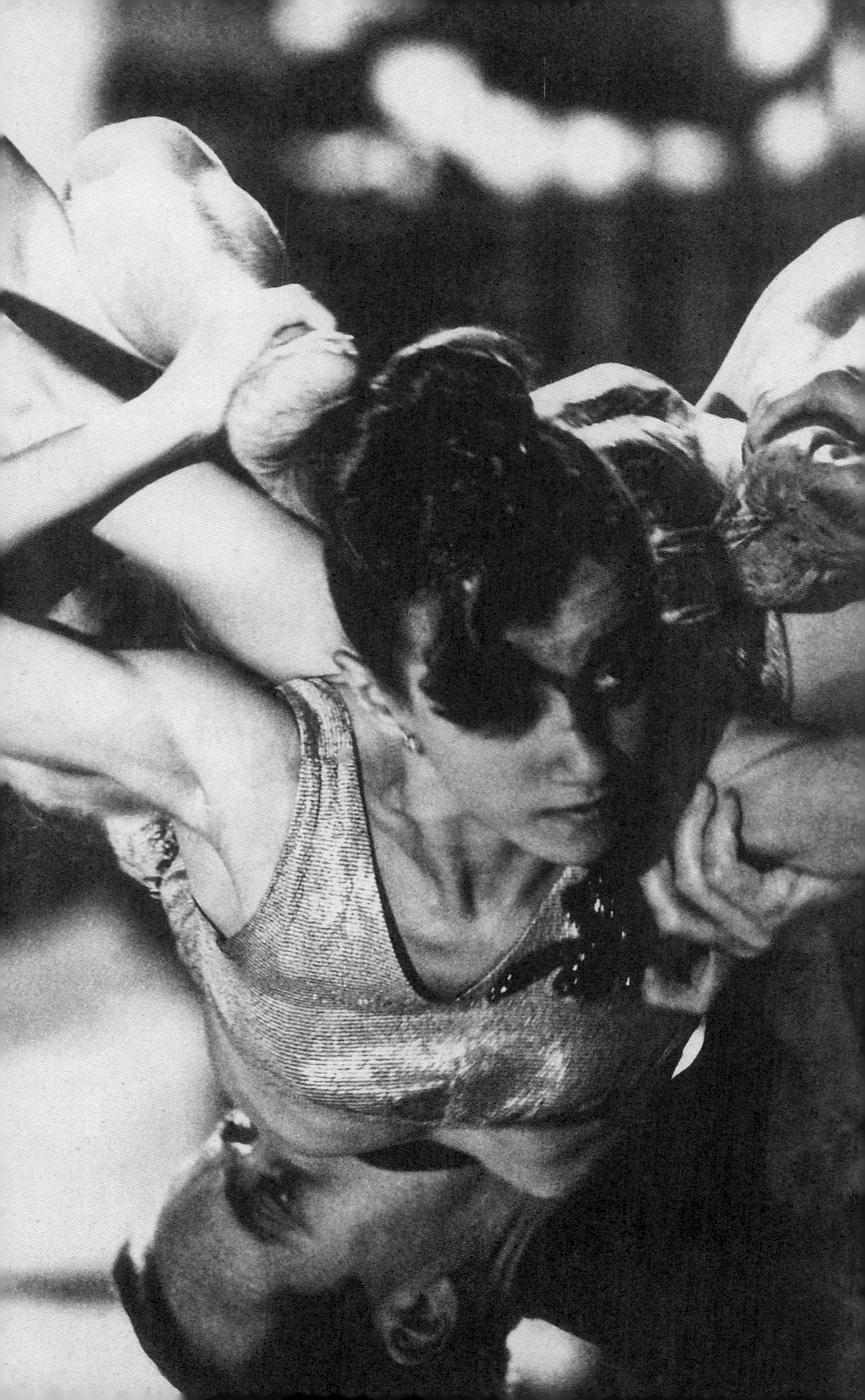

STELO CAL 32
CASTELO CAL 22

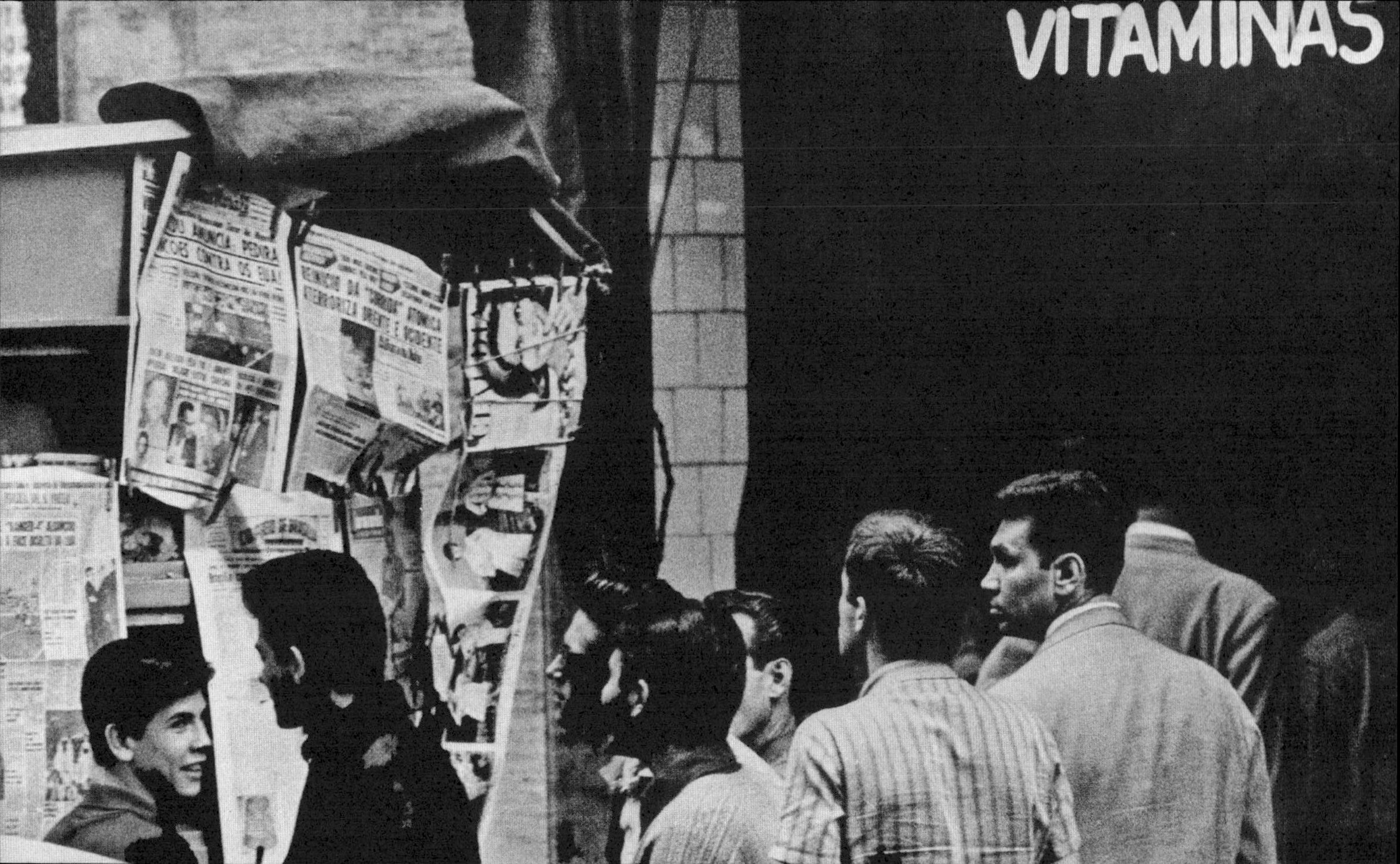

VITAMINAS

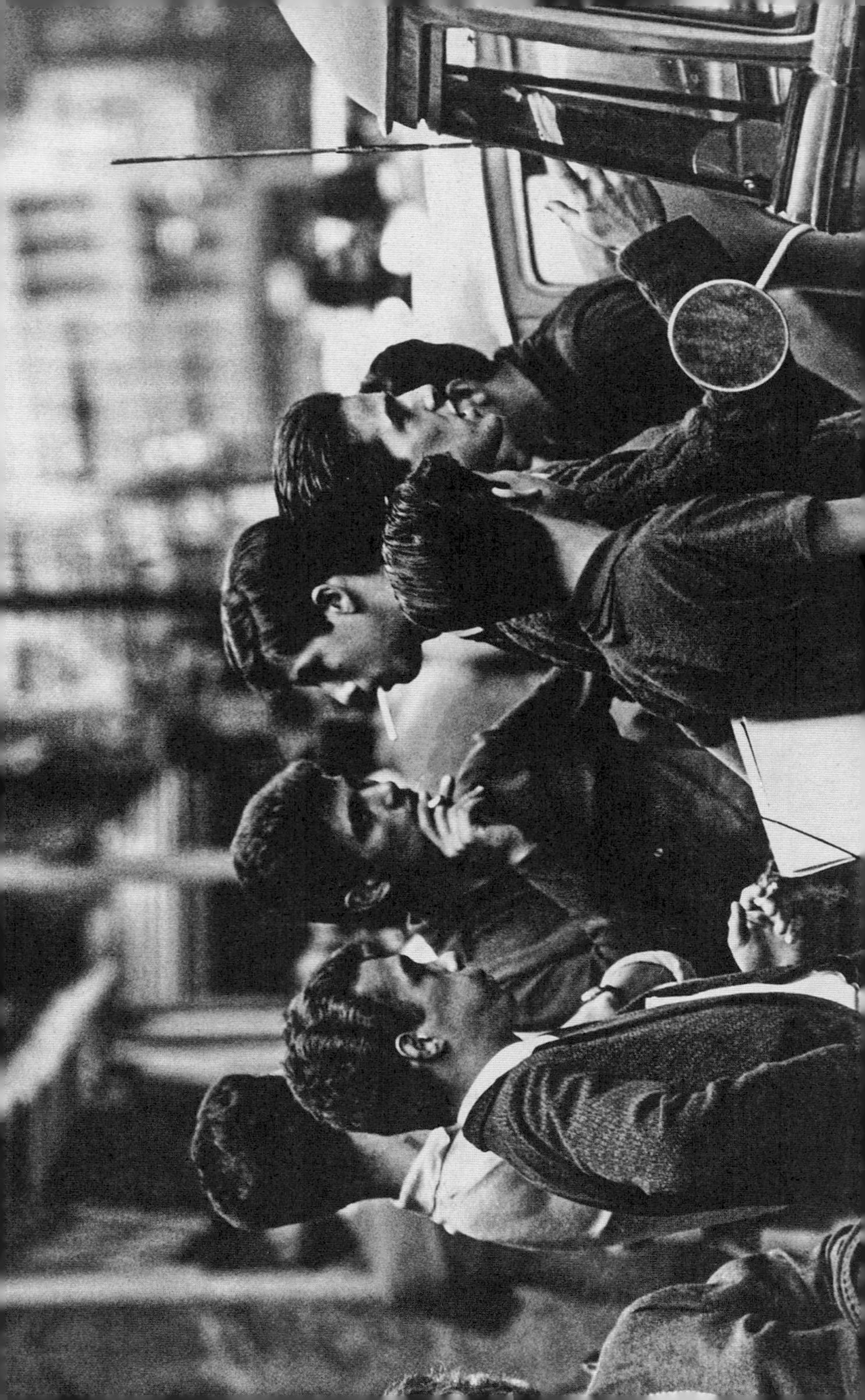

HOTEL
PAPELARIA
ANDREOTT
TIPOGRAFIA
HOTEL

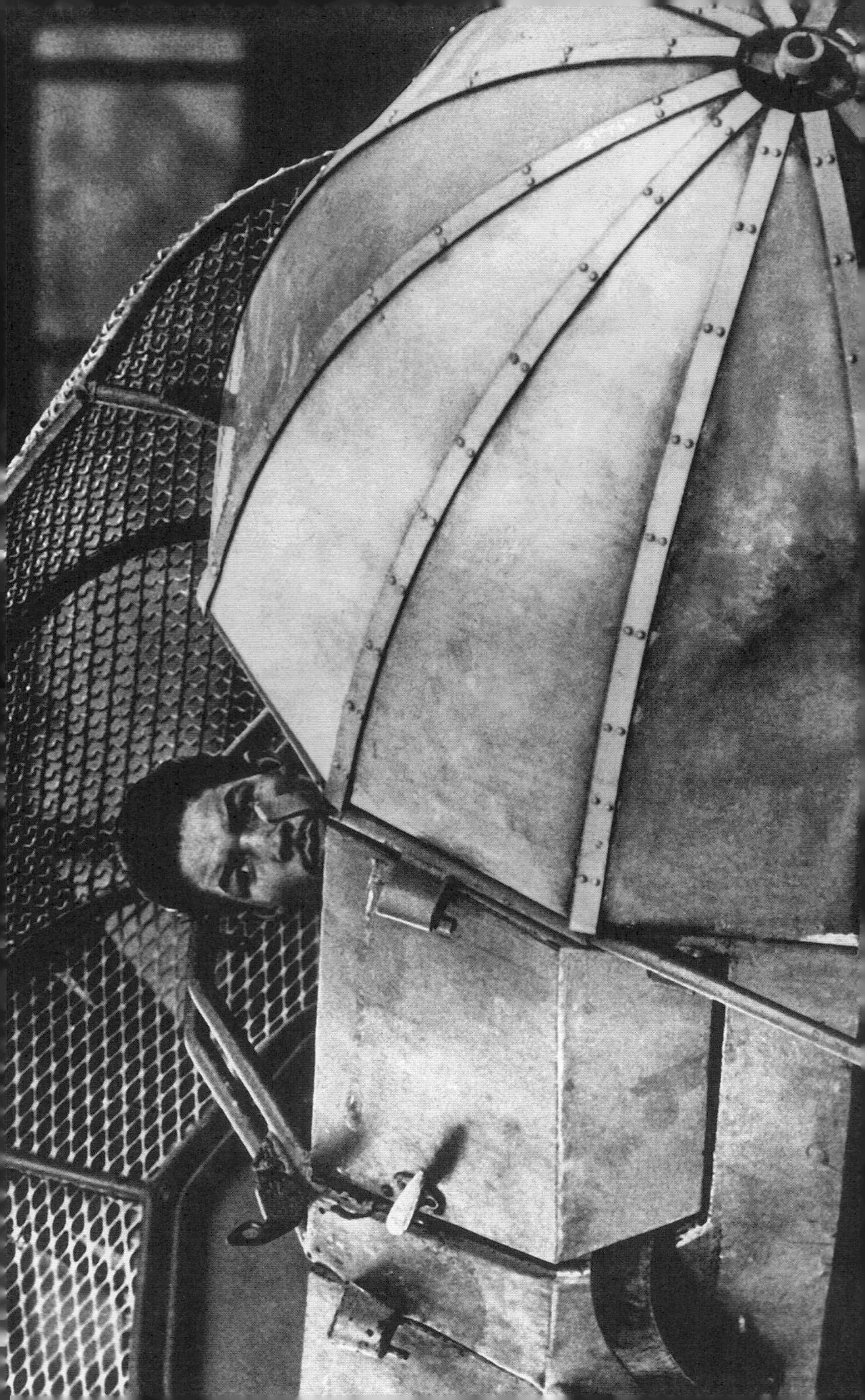

Morda meu coração na esquina

ROBERTO PIVA

poesia reunida

Organização ALCIR PÉCORA

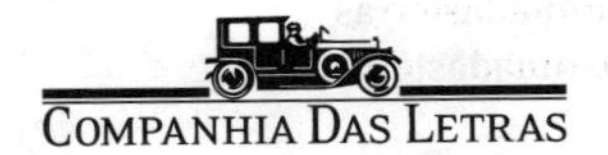
Companhia Das Letras

Grafia atualizada segundo o Acordo Ortográfico da Língua Portuguesa de 1990, que entrou em vigor no Brasil em 2009.

CAPA E PROJETO GRÁFICO
Elisa von Randow

IMAGENS DE MIOLO
Wesley Duke Lee/ Instituto Moreira Salles

CRONOLOGIA
Érico Melo

PREPARAÇÃO
Leny Cordeiro

REVISÃO
Jane Pessoa
Erika Nogueira Vieira

Dados Internacionais de Catalogação na Publicação (CIP)
(Câmara Brasileira do Livro, SP, Brasil)

Piva, Roberto, 1937-2010.
Morda meu coração na esquina : Poesia reunida / Roberto Piva ; organização Alcir Pécora. — 1ª ed. — São Paulo : Companhia das Letras, 2023.

ISBN 978-65-5921-164-7

1. Poesia brasileira I. Pécora, Alcir. II. Título.

22-112041 CDD-B869.1

Índice para catálogo sistemático:
1. Poesia : Literatura brasileira B869.1

Eliete Marques da Silva – Bibliotecária – CRB-8/9380

EDITORA SCHWARCZ S.A.
Rua Bandeira Paulista, 702, cj. 32
04532-002 — São Paulo — SP
Telefone: (11) 3707-3500
www.companhiadasletras.com.br
www.blogdacompanhia.com.br
facebook.com/companhiadasletras
instagram.com/companhiadasletras
twitter.com/cialetras

SUMÁRIO

A EPOPEIA BÉLICO-AMOROSA DE ROBERTO PIVA
ALCIR PÉCORA

Chovia na merda do teu coração

R. P.

O CONVITE DE ALICE SANT'ANNA, editora de poesia da Companhia das Letras, para que eu organizasse a nova edição das obras completas de Roberto Piva foi uma alegria pelo reconhecimento do que havia feito anteriormente, quando o editei pela editora Globo, e também uma oportunidade de o aperfeiçoar. Em relação aos críticos que havia convidado para participar daquela edição, apressei-me a confirmar a presença de todos, pois, cada um a seu modo — Claudio Willer, Davi Arrigucci Jr. e Eliane Robert Moraes —, eram decisivos para esclarecer algumas chaves da poesia de Piva. No caso de Willer, achei interessante incorporar um novo texto que ele fez, no qual manifesta discordâncias em relação a algumas observações que fiz na primeira edição, como, por exemplo, a de que o surrealismo fora apenas incidental na poesia de Piva, ou a de que era importante considerar os seus ciclos de publicação no âmbito mesmo de sua poesia, já que os livros de Piva, pensados como tal, acabavam compondo unidades poéticas significantes. Mantenho as minhas opiniões, mas acredito que um pouco de dialética crítica certamente fará bem à compreensão mais abrangente de Piva.

Mas, se pude ter a alegria de manter o aparato crítico, algo se tornou irreversivelmente diferente agora: já não contava com Piva ao lado para comentar o que fizesse. Não que ele tivesse interferido na primeira edição, mas era sempre uma tranquilidade mental saber que ele estava ali, vivo e fogoso, apto para dizer o que lhe agradava ou não. Desta vez, estávamos — Alice e eu — sós, e todas as decisões que tivemos de fazer, fizemos por nossa própria conta e risco. Talvez a mais importante delas foi a de decidir se incorporaríamos os poemas publicados posteriormente à morte do escritor, sem saber se ele daria esses poemas como finalizados para publicação. A minha hesitação quanto a isso se devia à convicção de que Piva possuía clara definição do livro que compunha, a cada vez. Poemas isolados não necessariamente teriam o mesmo acabamento ao compor um livro novo. Assim, preferimos fazer desse conjunto de inéditos apenas uma antologia de catorze poemas, escolhidos estritamente pelo gosto meu e de Alice, e tratá-los mais modestamente, ou precavidamente, como "fragmentos".

De qualquer maneira, na ausência de Piva, procurei retomar um pouco de sua presença, mesmo de sua presença física, unindo o tecido da memória com a audição de leitura de poemas seus que cresciam extraordinariamente quando era ele quem os lia. Também revi algumas de suas entrevistas e seus depoimentos, dos quais destacaria os que aparecem no belo filme de Ugo Giorgetti sobre o grupo de artistas e intelectuais que, junto ao Piva, batiam as ruas de São Paulo nos anos 1960. Ou talvez não exatamente a São Paulo que existe agora, mas, como se declara já no título, "Uma outra cidade", a qual no ano 2000, época de seu filme, o cineasta já dava por finada.

O grupo de amigos — aparentemente pouco inclinado a compor qualquer movimento organizado ou dotado de nome ou doutrina, ao contrário dos poetas concretos, por exemplo — está representado, no filme, por Claudio Willer, Jorge Mautner, Rodrigo de Haro e Antonio Fernando De Franceschi — estes dois últimos desgraçadamente mortos no ano fúnebre de 2021 —, além do próprio Piva e de Giorgetti. Em algum momento, preparando este texto, em 2021, tive a ideia de perguntar ao cineasta que atitude pensava uni-los de modo mais radical. Ugo me respondeu, em conversas alternadas por telefone e e-mail, que

> a única coisa a unir todos verdadeiramente era uma profunda aversão e, não diria ódio, mas negação do que se convencionava chamar naquele tempo de "burguesia". "Burguesia" era uma palavra usada a todo instante para definir falta de preparo, de gosto, ignorância, mesquinharia, estreiteza mental, família em geral, crença no progresso, na técnica moderna, no mundo empresarial, na religião etc. etc. Para muita gente, como Piva, essa aversão incluía também os operários, portanto não havia nada, ou quase nada, de política nessa atitude em relação à burguesia. Os operários eram considerados como aspirantes à burguesia, no fundo eram também burgueses, antes de o ser verdadeiramente. Há uma frase de Rimbaud, acho que em *Une Saison en enfer*[1] que diz: "*maîtres et ouvriers, tous paysans, ignobles*".[2] Rimbaud era simplesmente adorado, principalmente pelo Piva. Depois, cheguei à conclusão de que havia muito de "dandismo" nessa atitude. Na verdade, foi a ditadura que atirou todos muito mais à esquerda do que éramos antes do golpe, eu inclusive.

Já quando lhe perguntei sobre o que via em Piva de mais singular em relação ao grupo, Ugo me respondeu:

1 Arthur Rimbaud, *Uma temporada no inferno & Iluminações*. Trad. de Lêdo Ivo. Rio de Janeiro: Francisco Alves, 1982.
2 "Patrões e operários, todos são camponeses, ignóbeis."

Filosoficamente eu acho que Piva sofreu enorme influência de Vicente Ferreira da Silva, que sustentava as ideias de Kierkegaard, Nietzsche, Heidegger e Sartre na contracorrente do marxismo da época. Todo o poder estabelecido era motivo de questionamento, seja nas fábricas, nos escritórios, nas universidades; o poder tinha de ser combatido implacavelmente porque era mau em si mesmo, por definição, como se costumava dizer naquela época. Piva manteve essa atitude por toda a sua vida. Acho que foi o que se conservou mais ligado ao que pensava na primeira juventude. O Piva velho era o Piva jovem, alquebrado pelos excessos, pela idade. Só isso. Continuava um andarilho pela sua cidade, como sempre foi. Nunca teve carro, andava a pé, e era comum encontrá-lo vagando em todos os lugares pelo que hoje chamam, ridiculamente, de "centro expandido". Na verdade, andava por aí, verdadeiro *piéton* em São Paulo.

Quando disse a Ugo que Piva sempre me tratava como um conterrâneo italiano, e que, mais do que isso, parecia ter uma ideia completamente fantasiosa e nobilitante de quem descendia de imigrantes — e, portanto, de gente que vinha para o Brasil empurrado pela mais dura miséria —, disse-me que era mais ou menos o que fazia com todos os amigos:

ao contrário de quase todos que almejavam viagens pelo exterior, Paris particularmente, Piva jamais teve interesse nisso. Como muitos de nós, odiava a cidade de São Paulo, mas não saía dela, ela ocupava fortemente sua poesia. É comum encontrar lugares com nome e localização clara nos versos do Piva. Nesse sentido, acho que se assemelhava muito a Mário de Andrade, que também jamais deixou o país. O máximo que fez foi morar por pouco tempo no Rio. O Piva nem isso. De vez em quando ele vestia uma camiseta com o desenho de algum animal em extinção, ia até o Horto Florestal ou almoçava em algum restaurante a vinte quilômetros da cidade com algum livro sobre xamanismo embaixo do braço. Era sua maneira de "ir para o exterior". Era uma figura de enorme charme pessoal, por isso parecia *homme du monde*, viajado, frequentador de todos os lugares. Não era nada disso. Era conservador até no cotidiano. No fim da sua vida íamos almoçar, por insistência dele, no restaurante O Marinheiro, na Radial Leste, que existe desde 1942. Piva colecionava o que restava da sua cidade. E era muito engraçado. Nos seus dias inspirados, era realmente uma companhia deliciosa. Tenho uma amiga italiana que me chama até hoje de Uguccione della Faggiuola, personagem de Dante, que era como Piva me chamava. Uma de suas características era, já que se considerava monárquico, atribuir títulos de nobreza aos amigos. Não sei o que era o Willer, mas devia ser da cúpula hierárquica. Eu era um mísero conde. Mas o Nando de Franceschi, esse era "O Príncipe", para ele.

O que Ugo diz, a meu ver, vale como uma divertida e fiel síntese da personalidade impressionante de Piva; o que faço a seguir é apenas esboçar alguma aproximação de aspectos técnicos relevantes aplicados pela sua poesia. O primeiro deles é justamente o de que a publicação original dos seus livros apresenta três grandes ciclos ou agrupamentos: o primeiro, em torno da primeira metade dos anos 1960; outro, na virada de 1970 para 1980; e enfim um terceiro, iniciado na virada para os anos 1990, que continuou até sua morte, em 2010. Os intervalos desses momentos privilegiados de publicação parecem bastante largos para caracterizar ciclos diferentes no empenho de comunicação com um público mais amplo. Isso não significa que exista alguma separação radical entre esses núcleos: os elementos mais relevantes de um período permanecem nos outros, havendo continuidade e coerência marcantes no conjunto. Trata-se apenas de anotar que o termo poético dominante em cada um desses núcleos apresenta diferenças significativas; por exemplo, no primeiro, predomina o verso longo; no segundo, um cruzamento de prosa e poesia, além de experimentos gráficos; no terceiro, correntes os versos curtos e regulares.

A POESIA DOS ANOS 1960

Os dois livros fundamentais aqui são *Paranoia* e *Piazzas*, respectivamente de 1963 e 1964, ambos editados pelo extraordinário Massao Ohno, dono de um ouvido único para o que de melhor se produzia na poesia paulista da época, muito além do que se considerava academicamente a melhor poesia paulista da época.

Nessa primeira poesia de Piva, o que admira, antes de tudo, é o sistema de oposições proposto nos poemas. Não há meios-tons, o que lhe dá um caráter geral de manifesto, e que não raro se apresenta explicitamente nesse gênero, como ocorre em "Os que viram a carcaça", de 1962. Assim, "crepúsculo" e "aurora", "motocicleta" e "lambreta", "maconha" e "licor", "boxe" e "tênis", entre outros alegadamente opostos, tornam-se verdadeiros partidos e escolhas a serem feitas com urgência, de modo a definir, de um lado, o poeta e seus amigos, e, do outro, tudo o que julgava detestável, como gabinetes de políticos, bombas de gás e radiopatrulhas, negociantes, patrões, operários, estudantes, advogados etc.

Para Piva, não há escolha senão escolher, se é que não se nasce escolhido: "D. H. Lawrence" ou "Valéry", "Artaud" ou "Hegel", "De Chirico" ou "Mondrian", ou exemplarmente: "Sade" ou "Eliot"? E obviamente ele escolhe os primeiros termos dessas oposições, nos quais também se alinham "Barrabás" (não "Cristo"), "corpo" (não "mente"), "gambás" (não "cegonhas"). Aí estão também a "violência" contra a "lógica", as "baterias" contra os "violões", o "ânus" contra a "vagina". Tudo nessa poesia se organiza como um "nós" contra "eles", ou melhor, contra "vós", pois o que se delineia é um campo épico de batalha, de que não se safa o próprio leitor.

Tal esquematismo não deve de modo algum ser atenuado, ou sequer contextualmente justificado e explicado como um aspecto episódico de sua poesia. A escolha sem nuances não é acaso, nem circunstância: é condição dessa escrita que se pretende uma espécie de epopeia libertina. Trata-se de investir contra os interditos, medindo o valor de cada gesto pela régua da transgressão contra quem, como salientou Ugo Giorgetti, cabia o labéu de "burguês" — noção vaga, mais estética do que econômica ou política, embora contenha seguramente um gesto político, anárquico, de não conformidade com padrões normativos da sociedade capitalista. Para Piva, trata-se de esclarecer sem meias-tintas a situação básica de repressão que define o cerne da vida burguesa. O esquematismo, portanto, é programático e está a serviço da demonstração do cerco imposto a toda forma de vida insubmissa à banalidade admitida socialmente. Ele serve para alertar que, nessas condições, a poesia apenas se cultiva como fruto da violência, permanecendo válida a máxima de Blake, segundo a qual a prudência é uma solteirona rica e malcheirosa, a serviço da impotência e da negação da alegria.

Outro aspecto a ressaltar nessa primeira poesia de Piva é a centralidade do sexo nesses jogos de extremos. Como interdito privilegiado, a sua transgressão é também a via tumultuosa que conduz à vida dos sentidos. Em *Paranoia*, por exemplo, atendo-se ao cenário desequilibrado e perverso da cidade, a violência sensual concentra-se sobretudo em seu caráter baixo, com forte traço de *overidentification*, isto é, que visa a ostentar a degradação que a cidade produz, mas prefere esconder. Em *Piazzas* — curioso título, com plural inventado, *mezzo* italiano, *mezzo* paulista —, a via profanatória incide nos excessos dos amantes, na fúria extática do conhecimento logrado pela exploração das suas entranhas. Nos dois casos, seja como ato profanatório degradado ou como excesso orgiástico, a poesia de Piva está imantada pelo vetor de transgressão, inevitável quando a vida se encontra represada pelos interditos e lugares-comuns.

Outro ponto a considerar aqui é que o leitor logo se vê empurrado para um lugar em que não dispõe de muitas estratégias de leitura. Entretanto, o acesso ao texto exige atenção, não abandono ao nonsense. O leitor se vê diante de uma experiência difícil de incompreensão, que, no entanto, nada tem de gratuita, pois está orientada para atingir outro inteligível, supostamente mais livre dos clichês que, fingindo tudo comunicar, apenas naturalizam interditos. Recusar-se ao sentido é parte integrante das estratégias dessa poesia, e não se trata de recusar uma significação banal para entregar-se a outra, na qual a ausência de sentido é apenas uma regra estética. A questão decisiva está em sustentar uma poesia análoga a uma experiência iniciática, na qual é preciso despojar-se da significação a fim de acumular energia para a percepção de sentidos novos, além dos determinados pelos hábitos. Ou seja, a "dificultação" da leitura não é elogio do sem sentido, mas via estruturante do sentido.

Nessa primeira poesia de Piva, também vale a pena referir o tratamento do verso, usualmente deixado de lado em favor de paráfrases de conteúdo. Tanto em *Paranoia* como em *Piazzas*, predomina o verso longo, mais acentuadamente no primeiro do que no segundo livro. De início, pode-se considerar, nas pegadas do próprio Piva, que o ditirambo dionisíaco é a sua matriz. Sem possuir estrofes regulares em números de versos, de pés, de métrica ou de rima, a organização do ditirambo assenta-se no emprego de ritmos exaltatórios e declamativos, tradicionalmente dedicados à celebração da alegria de viver, que inclui os transportes da mesa, do corpo e do sexo. Embora genericamente correta, essa descrição não dá conta da dinâmica rítmica particular dos versos de Piva. Tome-se, por exemplo, um poema bem do início de sua carreira, como "Ode a Fernando Pessoa". O primeiro verso, bem longo, pode parecer completamente sem medida: "O rádio toca Stravinski para homens surdos e eu recomponho na minha imaginação a tua vida triste passada em Lisboa". No entanto, visto mais de perto, pode-se destacar nele uma divisão de seis membros, a saber: "O rádio toca Stravinski/ para homens surdos/ e eu recomponho/ na minha imaginação/ a tua vida triste/ passada em Lisboa". Ou seja, o verso longo se recompõe facilmente como seis redondilhos, alternados entre maiores e menores. Mas não é apenas isso que se passa aí: é possível ainda reunir os membros do verso dois a dois, de modo que o conjunto passe a ser lido como composto de três versos de doze sílabas — alexandrinos, em sentido lato —, sendo que o último deles se arredonda num alexandrino perfeitamente equilibrado, com o acento principal na sexta sílaba.

Claro, não é sempre assim, nem estou a afirmar que a regularidade métrica presida esses versos, o que não é verdade. Pretendo apenas mostrar como há uma questão rítmica importante na poesia de Piva, a qual exige estudo mais técnico do que tem sido feito, não podendo ser entendida simplesmente como decorrência das propriedades exaltatórias mais ou menos óbvias. Por exemplo, um desdobramento dessa dinâmica que mostrei acima pode ser a disponibilidade notável da poesia de Piva para a leitura oral, que usualmente explora simetrias e oscilações rítmicas alternativas.

Ainda cabe considerar nessa poesia de Piva que ela leva a sério o poder da própria literatura. É literatura embebida em literatura, que respira literatura. Um levantamento sem qualquer intuito de exaustividade encontra, em "Paranoia", referências explícitas a Mário de Andrade, Dostoiévski, Lautréamont, Rilke, García Lorca, Machado, Rimbaud, Murilo Mendes, Jorge de Lima, Dante, Whitman, Leopardi, Tolstói, Oscar Wilde, Gide, Kierkegaard, Artaud e muitos outros autores. Se passarmos a *Piazzas*, estão lá, além dos já citados, Maiakóvski, Nietzsche, Blake, Mary e Percy Shelley, Sade, Baudelaire, Isaac Asimov, Villon, Apollinaire, Michaux, Byron, Swift, Jarry etc. Um ex-orientando, Marcelo Veronese, fez um estudo aprofundado dessas relações intertextuais buscadas por Piva,[3] que, por vezes, dão a impressão de uma poesia composta de versos alheios tomados como ready-mades, na linhagem das vanguardas históricas ocidentais e do pop norte-americano. Nessa relação intertextual, predomina, ainda que sem hegemonia, a linhagem maldita do romantismo — aquela que justamente culmina em Rimbaud, para lembrar o que diz Giorgetti sobre a "adoração" de Piva. Esse protagonismo talvez ajude a esclarecer o sentido básico da via transgressiva buscada em sua poesia: o de uma crença na literatura como lugar onde respira uma potência resistente à institucionalização da vida. Tanto o interdito da significação como o ritmo exaltatório estão a serviço desse ato voluntarista de proclamação do poder da poesia, exercido como libação discursiva do sexo e de toda sorte de excessos.

3 Marcelo Antonio Milaré Veronese, *A intertextualidade na primeira poesia de Roberto Piva*. Campinas: IEL-Unicamp, 2009. Dissertação (Mestrado em Teoria e História Literária).

A POESIA DA VIRADA DOS ANOS 1970-80

Entendo como poesia da virada dos anos 1970 aquela que reúne os quatro livros de Piva publicados entre 1976 e 1983: *Abra os olhos & diga Ah!*, de 1976, novamente devido a Massao Ohno; *Coxas*, publicado em 1979 pela editora Feira de Poesia, com coordenação gráfica do mesmo Massao; *20 poemas com brócoli*, de 1981, também editado por Massao, desta vez em associação com Roswitha Kempf; e, enfim, *Quizumba*, lançado pela Global em 1983. Junto deles também consideraria a série de "manifestos" que Piva publicou em 1983 e 1984, entre eles *O século XXI me dará razão*. Esse conjunto representa a plena maturidade poética de Piva: o mais exuberante de tudo o que ele produziu, e que ainda está longe de ser bem conhecido e estudado.

Entre tantos aspectos de interesse da poesia desse período, talvez o mais evidente seja a resolução poética no limite da prosa, a ponto de vez ou outra se resolver — como no caso notório de *Coxas* — em favor de uma espécie de forma narrativa livre. Poesia, aqui, muitas vezes é o que pontua a prosa, o que a precipita, mas não necessariamente o que domina o seu andamento discursivo. Outras vezes, contudo, as medidas existem, mesmo distribuídas espacialmente de maneira pouco ortodoxa.

Outro aspecto que sobressai nesses poemas é a desassombrada celebração do amor do efebo, cuja posse física com frequência fornece a principal matéria do canto. Trata-se de uma apropriação que Piva faz do conhecido modelo platônico, no qual o amor entre homens — regido por Afrodite Urânia, nascida exclusivamente do sêmen do pai, e não por Afrodite Pandêmia, popular e heterossexual — é passagem para uma forma superior de conhecimento. Mas há também diferença, se não contradição, em relação a esse modelo poético-filosófico antigo, uma vez que o discurso amoroso de Piva se constrói centrado substancialmente na energia do corpo, que sempre tem mais o que desejar.

O foco sexual, entretanto, não se fecha sobre si mesmo, e por isso, nesse ponto, penso que a poesia de Piva se configura como discurso amoroso que escancara experiências homossexuais interditas no âmbito do conservadorismo cristão que preside as relações sociais burguesas, quanto mais em âmbito provinciano. Como lembra Foucault, tais experiências foram excluídas do quadro cultural de cortejo amoroso que organiza toda a lírica ocidental. Tal exclusão da galantaria da conquista, compensatoriamente, seria "a razão pela qual os grandes escritores homossexuais da nossa cultura (Cocteau, Genet, Burroughs) podem escrever com tanta elegância sobre o próprio ato sexual".[4]

Embebido na contemplação do efebo — que não raro dorme, sonha e se coça, alheio e descansado —, o poeta incorpora nos graus do êxtase amoroso-cognitivo a exigência do ato político da transgressão. Mas atenção: ao anunciar o tesão, Piva faz soar uma trombeta belicosa, e não apenas a flauta doce do encantamento. A noção de desejo que lhe interessa não é antegozo do que poderia se passar entre quatro paredes, nem tampouco breve chama a se esgotar na boemia anárquica e na bizarria juvenil — é sobretudo front de combate a um mundo dado como morto ou ocupado por zumbis, regido pela normalidade assexuada associada a negociatas e mitologias mercadológicas, que ele descreveu certa vez como "totem kapitalista".

A questão pode ser vista também em termos formais — por exemplo, consideremos "Abra os olhos & diga Ah!", em que há versos inteiros compostos com letras capitais a alternar com

4 Michel Foucault, *Um diálogo sobre os prazeres do sexo: Nietzsche, Freud e Marx. Theatrum Philosoficum*. Trad. de Jorge Lima Barreto e Maria Cristina Guimarães Cupertino. 2. ed. São Paulo: Landy, 2005.

outros em minúsculas. De modo geral, a combinação deles é paratática, sugerindo a incorporação de vozes diversas, provenientes de vários lugares da cidade, mesclando exemplarmente o quarto (a alcova) e a rua. Os versos se apresentam como cruzamento de diferentes frequências captadas pela poesia errática, em que algumas delas atuam como manchetes, letreiros ou anúncios a produzir fastio e ruído na comunicação do desejo — algo que, na prosa, havia sido explorado, por exemplo, nos notáveis fluxos de consciência de John Dos Passos, bombardeados por mensagens comerciais da metrópole. Tal alternância de tipos gráficos e vozes intercaladas compõe uma didascália barulhenta, urbana, caótica, em face do transporte sexual e literário do poeta. Fica claro, mais uma vez, que o desejo proposto pela poesia de Piva nunca é apenas íntimo ou pessoal, mas também público e, neste sentido preciso, objeto de uma épica refratária à política institucional.

Ainda no âmbito dessa contradição entre rua e alcova, Piva dialoga também com D. H. Lawrence, que alerta sobre a necessidade de libertação da tirania da sociedade puritana, da qual os jovens são presas fáceis, pois "em público", na vida civil, "permanecem ainda à sombra dos velhos medíocres".[5] É por isso que a poesia de Piva faz questão de proclamar a "maravilha" dos gritos dados "à janela", e não os gemidos encerrados, abafados, no quarto. Ela formula uma "política do corpo em fogo", que reage à "merda gentil" do "esquecimento sistemático" e da domesticação da vontade. Para aplicar uma metáfora de Lawrence, trata-se de encontrar um meio de reagir contra a desgraça da vida exaurida como "esfregamento secreto".

Desse modo, os poemas da virada dos 1970-80 estão concebidos como uma verdadeira epopeia amorosa, se se pode dizer

5 D. H. Lawrence, *Pornography and Obscenity*. Londres: Faber & Faber, 1929.

assim, a qual, nos termos de Lawrence, daria combate "à mentira sentimental da pureza e do segredinho imundo, onde quer que se encontre, dentro de si ou no mundo exterior". A poesia de Piva poderia ser lida então como um poema de amor encarregado de uma proeza bélica: atravessar o inferno de pijamas, família, TV, vida doméstica, trabalho odioso e subalterno, autoridades cômicas, direita e esquerda fascistas etc. Ou seja, superar o domínio do que ele nomeia como "ordem Kareta", na qual se é cego de tanto medo. Uma proeza imensa que, no limite de sua destinação, se amplifica como passagem inaugural do nada ao ser, isto é, como cosmogonia. A *amplificatio* da poesia de Piva vai da guerra amorosa das ruas à hierogamia cósmica.

Outro aspecto a ser destacado nesse período da produção de Piva é o lugar central da "amizade", verdadeira tópica de sua poesia. Companheiros de geração, garotos rebeldes e depravados, adolescentes na porta do cinema; a órbita do coração e as dedicatórias aos parceiros; vícios requintados sustentados em companhia; livros e leituras aos quais recorrer com a urgência de um pronto-socorro — tudo isso participa da ideia de amizade engendrada pela poesia de Piva. Nisso, ela mostra afinidade com a concepção de erotismo de Georges Bataille quando este postula que "a existência não se encontra onde os homens se consideram isoladamente; ela começa com as conversas, o riso partilhado, a amizade, o erotismo — ela tem lugar somente na *passagem do um ao outro*".[6]

Compreende-se assim que, em Piva, o sexo frequentemente seja grupal, e que o grupo atue como tribo, com normas bem pactuadas, conquanto invista anarquicamente na e contra a cidade — a anarquia entendida como método de preservar a vida

6 Georges Bataille, *L'Amitié; Le rire de Nietzsche*. Paris: Gallimard, 1973. O texto original é de 1940.

sob ameaça de extinção. O pacto, aqui, deve ser entendido como estratégia de sobrevivência em face da ordem da "normalidade", isto é, aquela que encontra razões para a crueldade e a loucura. Em ambiente tão hostil, nenhum pacto é mais importante que o da amizade. Bataille fala em "cumplicidade na luxúria", pois as ações dos amigos se dão sobretudo como experiência comunicativa aberta pela prática sexual livre. Em termos negativos, a amizade se afirma como resistência ao fechamento puritano e iletrado dos paredões das classes médias — nada urbanas — da cidade militarizada, maquinal e enrustida. Nos termos de Bataille, trata-se de projetar nos muros da cidade "imagens de explosão e de ferimento", que significam igualmente "um sentimento de festa, de licença e de prazer pueril".

Assim reinterpretada, a amizade é entendida como laboratório aberto de práticas sexuais em luta pela vida num presente distópico. Tal fenômeno de experimentação sexual coletiva não escapou às observações de Foucault, que lhe atribuiu, sobretudo em comunidades gays contemporâneas, um papel de "réplica das regras estritas de conquista amorosa das cortes medievais". A seguir nessa direção, a galantaria sexual-grupal-experimental da poesia de Piva deve ser entendida, mais uma vez, como disposição política de afirmação cultural fora das alternativas autoritárias da "normalidade" social. Daí, essa onipresença do "cu", ressignificado em sua poesia como "bandeira do navio pirata", isto é, como caminho contrário ao "Bom Caminho", que é sempre o da intolerância do caminho único.

Na poesia de Piva também há uma vigorosa releitura do modernismo paulista, longe de qualquer iniciativa chapa-branca: no cenário de catástrofe humana, caos urbano e ação sexualizada das tribos de resistência, encontram-se vários traços do "anti-heroísmo" macunaímico, como os do primitivismo, do humor casuísta e malandro, mesclados, por sua vez, à disseminação de referências internacionais, desde as clássicas até as do pop e do psicodelismo.

Assim, o cenário modernista é evocado com apreço e respeito por Piva, mas é também singularmente distorcido, acrescentando-lhe referências heteróclitas, incompatíveis entre si, num processo de composição frequentemente conduzido pela enumeração aleatória. O desvairo da cidade, por vezes, ganha ares de western tropicalista, como quando a ação catalisadora da poesia é, por exemplo, cuspida por "caralhos fumegantes". A trilha sonora da trip modernista de Piva tanto pode ser proporcionada pelo jazz dos beats como pelo rock dos punks, mas é sempre executada de modo a excitar os temperamentos luxuriosos dos cúmplices e conduzi-los ao frenesi, ao pacto endiabrado, que afronta não apenas o moralismo classe média, mas também a fruição artística puramente intelectualizada.

Nesses termos, Piva tende a dissolver os componentes iluministas do modernismo para acentuar uma dimensão mais despudorada, abertamente gay e flâneuse. Isso fica claro até no mapa da cidade de São Paulo confeccionado por ele nos poemas, todo balizado por bares, inferninhos e praças do centro velho. Da mesma maneira, na releitura do modernismo por Piva já não há traços de deslumbramento diante do maquinismo tecnológico, assim como não há nenhuma vontade de progresso ou expectativa de futuro nacional.

Ainda sobre a herança modernista, cabe dizer que, na poesia de Piva, há um movimento de rearranjo da distinção popular/erudito, que parece atenuada, mas não dissolvida, na utopia do compartilhamento do desejo via literatura, na qual, por exemplo, os "gregos de Homero" vestem "chapéu de palha". A novidade aí está no ultrapassamento do viés nacional pela amplitude dos tempos e mitologias envolvidos. São exemplos dessa amplitude as convivências de Osíris e Bosch; o deus Pã, caciques e pajés;

Paolo Uccello e a Boiuna; Tibério, César Bórgia, Maquiavel; Hendrix, Antunes Filho e Oswald Spengler; d. Pedro II e Cobra Norato; Marinetti e Jane Birkin; Wittgenstein, Ganimedes e Exu; Mautner, Villa-Lobos, San Juan de La Cruz e o Espírito Santo; Napoleão e John Cage; Gregório de Matos, Pound, Buda, Coleridge, Guido Cavalcanti, Long John Silver; Baudelaire e Brecheret; Georg Trakl, Mandrake etc. A lista é sensacional na sua abertura e em seu alegre disparate. O desfile vertiginoso de nomes se assemelha a encontros inesperados nos círculos infernais, em que o guia Virgílio está trocado por um Dante imigrante em consórcio com um Mário de Andrade, quatrocentão, gay e passeante.

Ao cultivar encontros tão heterodoxos, poder-se-ia imaginar que Piva adota um procedimento de criação análogo ao da "geleia geral" tropicalista, transmutada em "geleia genital". Mas há outras diferenças relevantes. Para começar, a rainha inconteste das artes, para Piva, é a literatura, e não a música. Esta pode funcionar como trilha sonora da poesia, mas o contrário não ocorre. Depois, o efeito dessa folia temporal e personagens relacionados por Piva, a cada poema, não é exatamente um projeto de Brasil. A rigor, não é sequer um projeto de contemporaneidade, pois a utopia anárquica e sexual de Piva busca uma espécie de atemporalidade, em que convivem todos os tempos de todos os autores excelentes, sem representação de época ou território, mas sim de uma criação radical que funciona como "bolinação", isto é, como ato libidinoso contra a inércia das práticas culturais e hábitos institucionalizados.

Talvez se possa dizer que a poesia de Piva quer, antes de mais nada, dispor-se como um contraprograma avesso a qualquer natureza ou identidade dada: nacional, social, de raça ou sexo. Uma aposta voluntarista na potência da arte, em favor da criação do homem apto ao gozo.

A POESIA DOS ANOS 1990

Uma terceira unidade produtiva da poesia de Piva reúne *Ciclones*, publicado em 1997 pela Nankin Editorial, que traz poemas produzidos do início dos anos 1980 até meados dos 1990; e também *Estranhos sinais de Saturno*, lançado pela primeira vez no terceiro volume da edição das obras reunidas da editora Globo, em 2008, mas que inclui poemas já publicados de maneira dispersa em revistas de cultura. Também acrescentamos aqui um grupo de "manifestos" da virada dos anos 1980 para os 1990, gênero de escritos que, como já disse, não deve ser tido como acréscimo supérfluo à poesia de Piva. Os manifestos estão no seu cerne, com a sua interpelação imprecatória, empreendida como política de agitação radical: agressiva e transgressiva, libertária e vigorosamente parcial.

A maior parte desses poemas está centrada num veio da poesia contemporânea que se tem chamado algumas vezes de "etnopoesia" ou de "poesia étnica" — como o faz, por exemplo, Jerome Rothenberg, citado por Piva. Parece-me entretanto que este prefere chamá-la de poesia "xamânica", acentuando a mescla de diferentes tradições poéticas suscetíveis de apelo esotérico — por vezes irônico; outras vezes, não —, de viés romântico e genericamente antimoderno. Trata-se de uma poesia exaltada, que não teme misturar os ingredientes mais indigestos e díspares em sua alquimia de excessos. Alguns desses componentes referem ainda o modernismo paulista, acentuando o seu traço de iconoclastia cabocla, algo histriônica; o surrealismo, já rebatido em várias frentes de vertigens irracionalistas; e ainda a poesia beatnik, com seus conchavos misteriosos entre álcool, drogas, animais ferozes, paisagens nômades, cool jazz, amores devassos com adolescentes perdidos, em cidades perdidas etc.

Este é um caminho plausível a se explorar nessa poesia, que une diferentes pontas já mencionadas. Há outra possibilidade de exame crítico — porém, seguramente menos simpática àqueles que se identificam com os traços mais anárquicos da poesia de Piva. Nessa perspectiva, essas figurações poéticas à roda do *xamã*, onipresentes nesta etapa da produção de Piva, são menos noções ou ideias a serem simbolicamente explicados, menos enigmas a serem esotericamente decifrados, do que convenções de uma cena poética que podem ser identificadas, conquanto a contrapelo do convencionalismo habitual.

Explico-me: a maioria desses poemas busca a construção sistemática de um locus poético e artificial, no qual o nome *xamã* é metáfora e não instância literal de verdade. Nessa perspectiva, enquanto metáfora de base a sustentar as operações da composição, a figura do xamã, com seu entorno regular, solicita menos uma exegese simbólica ou uma hermenêutica heterodoxa do que, de fato, uma sintaxe, uma gramática, associada ao reconhecimento de uma poesia centrada no que os retóricos antigos chamariam de "composição de lugar".

O espaço metafórico construído como um *locus* determinado poderia ser entendido, inicialmente, como um processo de sistematização em torno de algumas poucas figuras cuja economia relacional passa a ressignificar todo o poema. A partir daí, em vez da iniciação, buscada nas profundezas do símbolo, seria interessante considerar a alta exigência de submissão aos jogos que o poema constrói. A questão esotérica sofreria uma refração, uma recodificação altamente econômica, mas também, por isso mesmo, com grande capacidade de produzir novos arranjos significativos. Para ir logo ao ponto, diria que a "cena xamânica" não contém mais do que cinco elementos.

Inicialmente, essa cena se constrói como uma "paisagem" aberta, de horizonte sem fim, como a que é propiciada por imagens de deserto, mar, planícies, montanhas longínquas, combinadas com balizas cíclicas como sol e lua, noite e dia, quatro ventos, estrelas, relâmpagos etc. Estas balizas, entretanto, não funcionam como, por exemplo, o *kigo* dentro do haikai, pois acentuam não o aspecto sazonal, mas a vastidão da paisagem e, portanto, a sua potência como totalidade cosmológica. O duplo negativo dessa paisagem é a "cidade sucata", dominada pela ciência ordinária, pela medicina alopática, por sufocamentos de cimento, fedores de naftalina, catacumbas católicas, comportamentos de lacaio, hordas de psicopatas liberadas pela explosão demográfica etc. etc. Justamente por isso, o poeta se declara, contra todas as evidências que temos de Piva, um poeta *na* cidade, e não *da* cidade.

Em seguida, a cena prevê um conjunto regular de personagens, cujo núcleo é constituído pelo par xamã-discípulo, sendo que o xamã, dotado de seu "pênis de elefante", com propriedades curativas, se desdobra em figuras de escritores ou músicos pertencentes, respectivamente, à grande tradição literária ocidental e à dinastia negra do jazz norte-americano. O discípulo, por sua vez, toma a forma invariável de um adolescente sensual, andrógino, que se apresenta metonimicamente através dos atributos do falo duro e das coxas fortes — pois são idênticas as armas do combate belicoso ou afetivo. Ademais, o adolescente se caracteriza pela inocência da ignorância honesta, embora selvática e descontrolada, isto é, fora do verdadeiro domínio da arte da guerra e do amor.

Um terceiro componente da cena xamânica articula figuras heteróclitas do mundo mineral, vegetal, animal, mas também angélico e extraterrestre. Todas elas, embora formadas de coisas díspares — por exemplo, diamantes e pedras; cactos, flores, morangos silvestres, espinheira e ipê-roxo; serpente, jaguar, gavião e andorinha; anjos e divindades de sexo em riste, liderados por Dionysos, lado a lado com entidades negras e indígenas, e, enfim, óvnis e astronautas —, são concebidas como sinais de uma ordem (cosmos) única.

A poesia étnica de Piva prevê ainda um conjunto de ações conduzidas pelo xamã no seu consórcio com o efebo. São ações ritualizadas dirigidas à sedução, à cópula e à transformação do discípulo: danças, rodopios, gritos, risos, vômitos, deslumbramentos, suspeitas, sonambulismos, quedas, explosões, miragens e transfusões sanguíneas marcam os passos dessa iniciação belicoso-erótica, cujo ponto de ebulição apenas se alcança por meio das disposições cerimoniosas que ordenam a energética erótica.

Por último, a cena xamânica prevê os instrumentos mobilizados pelo feiticeiro para a iniciação do adolescente: elixires, cogumelos, LSD, haxixe, *cannabis*, vinho para libações, colares, tambores, beijos, sussurros, palavras, leituras de poemas. Tudo aqui funciona como excitante ou catalisador lisérgico capaz de ativar, no corpo rijo do jovem discípulo, a potência da "flor tesuda", do "pau-ferro", do "cu em flor" e "fora da lei" que resiste às "ilhas de trevas".

Assim, o conjunto da cena xamânica apresenta imagens nada convencionais que são, por sua vez, estabelecidas no interior de uma convenção sexual e cósmica, que repõe formulações neoplatônicas e antiplatônicas de Marsilio Ficino, Pico Della Mirandola ou, ainda mais, de Leone Ebreo, as quais buscam evidenciar um princípio hierogâmico universal, no qual o pensamento mais elevado apenas se atinge na máxima exploração dos sentidos. Mas não é essa ou outra interpretação que me interessa propor, e sim apenas deixar essa possível pista de que a poesia étnica de Piva admite procedimentos de forte codificação, aplique-se ou não a eles uma exegese de razões ocultas. Sistematizada em torno de imagens anticonvencionais, ela opera de maneira similar aos gêneros antigos mais convencionalizados — como a poesia pastoril, por exemplo —, cuja construção é dependente de um locus de base. Com a diferença de que, na poesia pastoril, o locus está composto de imagens amenas, em tudo opostas à imagem delirante do espaço da iniciação xamânica — mas, eis aí, se as imagens têm viés contrário, o corte da composição é analogamente regulado.

Ocorre-me dizer ainda que essa hiper-regulação, nas antigas preceptivas, diz respeito ao que está determinado em função da *urbanitas*, isto é, daquilo que está sob o "império de Roma", metáfora tantas vezes invocada neste conjunto de poemas e que diz respeito ao que é oposto ao grosseiro e tosco, que não tem espírito, elegância, graça, e que, por isso mesmo, não pode ser divertido, nem se manifestar além da vergonha medíocre, mesquinha, doméstica. Admitida, portanto, a analogia de procedimentos aplicados à construção da cena xamânica com a de outros loci clássicos, mesmo com aparências tão diversas, evidencia-se a destinação *civil* dessa poesia, que deseja reordenar as formas de convívio e empreender a reforma dos costumes pelo cultivo das letras e do espírito. Nesta visada, a celebração do caos e da devassidão anárquica desencadeada pelo xamã se entende como apologia do "urbano" em face dos hábitos ruinosos e escravizados da cidade.

Encerro, pois, dizendo que, por isso tudo, suspeito que o Piva bárbaro guarde desejos inconfessáveis de cortesania. Por estranho que seja dizê-lo, para alguém tido e havido como provocador e transgressivo — e realmente o sendo —, Piva manifesta, não obstante, inegável vocação para "clássico".

AGRADECIMENTOS

Este volume jamais teria a forma final a que chegou sem a colaboração de vários amigos que foram fundamentais em todo o percurso. De todos eles, é obrigatório mencionar: Joaci Pereira Furtado, pela indicação editorial e pelo trabalho encaminhado como editor da primeira recolha de toda a poesia de Roberto Piva; Gustavo Benini, pela parceria generosa, enquanto detentor dos direitos da obra; e Claudio Willer, companheiro de viagem de Piva e um de seus melhores exegetas, que colaborou com este volume desde as primeiras provas e que infelizmente não chegou a ver seu resultado final. Também é necessário agradecer a Davi Arrigucci Jr. e a Eliane Robert Moraes, queridos colegas cujos ensaios muito valorizam esta edição. Nesta lista essencial de agradecimentos, será preciso ainda acrescentar o nome de Érico Melo, que trabalhou na cronologia que acompanha este volume.

UM ESTRANGEIRO NA LEGIÃO

ODE A FERNANDO PESSOA

ODE A FERNANDO PESSOA

O rádio toca Stravinski para homens surdos e eu recomponho na [minha imaginação
a tua vida triste passada em Lisboa.
Ó Mestre da plenitude da Vida cavalgada em Emoções,
Eu e meus amigos te saudamos!
Onde estarás sentindo agora?
Eu te chamo do meio da multidão com minha voz arrebatada,
A ti, que és também Caeiro, Reis, Tu-mesmo, mas é como Campos [que vou
saudar-te, e sei que não ficarás sentido por isso.
Quero oferecer-te o palpitar dos meus dias e noites,
A ti, que escutaste tudo quanto se passou no universo,
Grande Aventureiro do Desconhecido, o canto que me ensinaste foi [de libertação.
Quando leio teus poemas, alastra-se pela minh'alma dentro um [comichão de
saudade da Grande Vida,
Da Grande Vida batida de sol dos trópicos,
Da Grande Vida de aventuras marítimas salpicada de crimes,
Da grande vida dos piratas, Césares do Mar Antigo.
Teus poemas são gritos alegres de Posse,
Vibração nascida com o Mundo, diálogos contínuos com a Morte,
Amor feito à força com toda Terra.

Sempre levo teus poemas na alma e todos os meus amigos fazem o [mesmo.

Sei que não sofres fisicamente pelos que estão doentes de Saudade,
[mas de
Madrugada, quando exaustos nos sentamos nas praças, Tu
[estás conosco, eu
sei disso, e te respiramos na brisa.
Quero que venhas compartilhar conosco as orgias da meia-noite,
[queremos ser
para ti mais do que para o resto do mundo.
Fernando Pessoa, Grande Mestre, em que direção aponta tua
[loucura esta noite?
Que paisagens são estas?
Quem são estes descabelados com gestos de bailarinos?

Vamos, o subúrbio da cidade espera nossa aventura,
As meninas já abandonaram o sono das famílias,
Adolescentes iletrados nos esperam nos parques.
Vamos com o vento nas folhagens, pelos planetas, cavalgando
[vaga-lumes cegos
até o Infinito.
Nós, tenebrosos vagabundos de São Paulo, te ofertamos em turíbulo
[para uma
bacanal em espuma e fúria.
Quero violar todas as superfícies e todos os homens da superfície,
Vamos viver para além da burguesia triste que domina meu país
[alegremente
Antropófago.
Todos os desconhecidos se aproximam de nós.
Ah, vamos girar juntos pela cidade, não importa o que faças ou
[quem sejas, eu te
abraço, vamos!
Alimentar o resto da vida com uma hora de loucura, mandar à merda
[todos os

deveres, chutar os padres quando passarmos por eles nas ruas
[amar o
pederastas pelo simples prazer de traí-los depois,
Amar livremente mulheres, adolescentes, desobedecer
[integralmente uma ordem
por cumprir, numa orgia insaciável e insaciada de todos os propósitos-
Sombra.
Em mim e em Ti todos os ritmos da alma humana, todos os risos,
[todos os olhares,
todos os passos, os crimes, as fugas,
Todos os êxtases sentidos de uma vez,
Todas as vidas vividas num minuto Completo e Eterno,
Eu e Tu, Toda a Vida!
Fernando, vamos ler Kierkegaard e Nietzsche no Jardim Trianon
[pela manhã,
enquanto as crianças brincam na gangorra ao lado.
Vamos percorrer as vielas do centro aos domingos quando toda a
[gente decente
dorme, e só adolescentes bêbados e putas encontram-se na noite
Tu, todas as crianças vivazes e sonolentas,
Carícia obscena que o rapazito de olheiras fez ao companheiro de
[classe e o
professor não vê;
Tu, o Ampliado, latitude-longitude, Portugal África Brasil Angola
[Lisboa São
Paulo e o resto do mundo,
Abraçado com Sá-Carneiro pela Rua do Ouro acima, de mãos
[dadas com Mário
de Andrade no Largo do Arouche.
Tu, o rumor dos planaltos, tumulto do tráfego na hora do rush,
[repique dos
sinos de São Bento, hora tristonha do entardecer visto do
[Viaduto do Chá,

Digo em sussurro teus poemas ao ouvido do Brasil, adolescente
[moreno empinando
papagaios na América.
Vamos ver a luz da Aurora chispando nas janelas dos edifícios,
[escorrendo pelas
águas do Amazonas, batendo em chapa na caatinga nordestina,
[debruçando
no Corcovado,
Ouçamos a bossa nova deitados na palma da mão do Cristo e a
[batucada vinda
diretamente do coração do morro.
Tu, a selvagem inocência nos beijos dos que se amam,
Tu, o desengajado, o repentino, o livre.
Agora, vem comigo ao Bar, e beberemos de tudo nunca passando
[pelo caixa,
Vamos ao Brás beber vinho e comer pizza no Lucas, para depois
[vomitarmos
tudo de cima da ponte,
Vem comigo, eu te mostrarei tudo: o Largo do Arouche à tarde, o
[Jardim da Luz
pela manhã, veremos os bondes gingando nos trilhos da Avenida,
assaltaremos o Fasano, iremos ver "as luzes do Cambuci pelas
[noites de crime",
onde está a menina-moça violada por nós num dia de Chuva e Tédio,
Não te levarei ao Paissandu para não acordarmos o sexo do Mário
[de Andrade
(ai de nós se ele desperta!),
Mas vamos respirar a Noite do alto da Serra do Mar: quero ver as
[estrelas refletidas
em teus olhos.
Sobre as crianças que dormem, tuas palavras dormem; eu deles
[me aproximo e
dou-lhes um beijo familiar na face direita.

Teu canto para mim foi música de redenção,
Para tudo e todos a recíproca atração de Alma e Corpo.
Doce intermediário entre nós e a minha maneira predileta de pecar.
Descartes tomando banho-maria, penso, logo minto, na cidade
[futura, industrial
e inútil.
Mundo, fruto amadurecido em meus braços arqueados de te embalar,
Resumirei para Ti a minha história:
Venho aos trambolhões pelos séculos,
Encarno todos os fora da lei e todos os desajustados,
Não existe um gângster juvenil preso por roubo e nenhum louco
[sexual que eu
não acompanhe para ser julgado e condenado;
Desconheço exame de consciência, nunca tive remorsos, sou
[como um lobo
dissonante nas lonjuras de Deus.
Os que me amam dançam nas sepulturas.
Da vidraça aberta olho as estrelas disseminadas no céu; onde
[estás, Mestre Fernando?
Foste levar a desobediência aos aplicados meninos do Jardim América?
Dás um lírio para quem fugir de casa?
Grande indisciplinador, é verdade?

Vamos ao norte amar as coisas divinamente rudes.
Vamos lá, Fernando, dançar maxixe na Bahia e beber cerveja até
[cair com um
baque surdo no centro da Cidade Baixa.
Sabes que há mais vida num beco da Bahia ou num morro carioca
[do que em
toda São Paulo?
São Paulo, cidade minha, até quando serás o convento do Brasil?
Até teus comunistas são mais puritanos do que padres.

Pardos burocratas de São Paulo, vamos fugir para as praias?
Ó cidade das sempiternas mesmices, quando te racharás ao meio?
Quero cuspir no olho do teu Governador e queimar os troncos
[medrosos da floresta
humana.
Ó Faculdade de Direito, antro de cavalgaduras eloquentes da
[masturbação transferida!
Ó mocidade sufocada nas Igrejas, vamos ao ar puro das
[manhãs de setembro!
Ó maior parque industrial do Brasil, quando limparei minha bunda em ti?
Fornalha do meu Tédio transbordando até o Espasmo.
Horda de bugres galopando a minha raiva!
Sei que não há horizontes para a minha inquietação sem nexo,
Não me limitem, mercadores!
Quero estar livre no meio do Dilúvio!
Quero beber todos os delírios e todas as loucuras, mais
[profundamente que
qualquer Deus!
Põe-te daqui para fora, policiamento familiar da alma dos
[fortes: eu quero ser
como um raio para vós!
Violência sincopada de todos os *boxeurs*!
Brasileira do Chiado em dias de porre de absinto.
Arcabouço de todas as náuseas da vida levada em carícias de Infinito.
Tudo dói na tua alma, Nando, tudo te penetra, e eu sinto contigo o
[íntimo tédio
de tudo.
Realizarei todos os teus poemas, imaginando como eu seria
[feliz se pudesse estar
contigo e ser tua Sombra.

PARANOIA

Agradecimentos a Massao Ohno

O Piva define o momento. Um poeta com rosto de menino atravessa a cidade rompendo sozinho um hímen gigantesco. Poesia de sangue, que gera uma flor no sexo da adolescência. Visão de Piva, antropófago, São Paulo na boca, madrugada no dente, poesia no estômago. Um poeta com cara de menino atravessa a cidade. Puxando a juventude.

THOMAZ SOUTO CORRÊA, SÃO PAULO, 1963

VISÃO 1961

as mentes ficaram sonhando penduradas nos esqueletos de fósforo
invocando as coxas do primeiro amor brilhando como uma
flor de saliva
o frio dos lábios verdes deixou uma marca azul-clara debaixo do pálid
maxilar ainda desesperadamente fechado sobre o seu mágico vazi
marchas nômades através da vida noturna fazendo desaparecer o
[perfume
das velas e dos violinos que brota dos túmulos sob as nuvens d
chuva
fagulha de lua partida precipitava nos becos frenéticos onde
cafetinas magras ajoelhadas no tapete tocando o trombone de vidr
da Loucura repartiam lascas de hóstias invisíveis
a náusea circulava nas galerias entre borboletas adiposas
e lábios de menina febril colados na vitrina onde almas colorida
tinham 10% de desconto enquanto costureiros arrancavam os ovário
dos manequins
minhas alucinações pendiam fora da alma protegidas por caixas
[de matéria
plástica eriçando o pelo através das ruas iluminadas e nos arrabalde
de lábios apodrecidos
na solidão de um comboio de maconha Mário de Andrade surge
[como um
Lótus colando sua boca no meu ouvido fitando as estrelas e o cé
que renascem nas caminhadas
noite profunda de cinemas iluminados e lâmpada azul da alma
[desarticulando

aos trambolhões pelas esquinas onde conheci os estranhos
visionários da Beleza
já é quinta-feira na avenida Rio Branco onde um enxame de Harpias
vacilava com cabelos presos nos luminosos e minha imaginação
gritava no perpétuo impulso dos corpos encerrados pela
Noite
os banqueiros mandam aos comissários lindas caixas azuis de
[excrementos
secos enquanto um milhão de anjos em cólera gritam nas
[assembleias
de cinza OH cidade de lábios tristes e trêmulos onde encontrar
asilo na tua face?
no espaço de uma Tarde os moluscos engoliram suas mãos
em sua vida de Camomila nas vielas onde meninos dão o cu
e jogam malha e os papagaios morrem de Tédio nas cozinhas
engorduradas
a Bolsa de Valores e os Fonógrafos pintaram seus lábios com urtigas
sob o chapéu de prata do ditador Tacanho e o ferro e a borracha
verteram monstros inconcebíveis
ao sudoeste do teu sonho uma dúzia de anjos de pijama urinam com
transporte e em silêncio nos telefones nas portas nos capachos
das Catedrais sem Deus

imensos telegramas moribundos trocam entre si abraços e
[condolências
pendurando nos cabides de vento das maternidades um batalhão
de novos idiotas
os professores são máquinas de fezes conquistadas pelo Tempo
[invocando
em jejum de Vida as trombetas de fogo do Apocalipse
afã irrisório de ossadas inchadas pela chuva e bomba H árvore
branca coberta de anjos e loucos adiando seus frutos
até o século futuro
meus êxtases não admitindo mais o calor das mãos e o brilho
platônico dos postes da rua Aurora comichando nas omoplatas
irreais do meu Delírio
arte culinária ensinada nos apopléticos vagões da Seriedade por
quinze mil perdidas almas sem rosto destrinçando barrigas
adolescentes numa Apoteose de intestinos
porres acabando lentamente nas alamedas de mendigos perdidos
[esperando
a sangria diurna de olhos fundos e neblina enrolada na voz
exaurida na distância

cus de granito destruídos com estardalhaço nos subúrbios
[demoníacos pelo
cometa sem fé meditando beatamente nos púlpitos agonizantes
minhas tristezas quilometradas pela sensível persiana semiaberta da
Pureza Estagnada e gargarejo de amêndoas emocionante nas
[palavras
cruzadas no olhar
as névoas enganadoras das maravilhas consumidas sobre o arco-íris
de Orfeu amortalhado despejavam um milhão de crianças atrás das
portas sofrendo
nos espelhos meninas desarticuladas pelos mitos recém-nascidos
[vagabundeavam
acompanhadas pelas pombas a serem fuziladas pelo veneno
da noite no coração seco do amor solar
meu pequeno Dostoiévski no último corrimão do ciclone de almofadas
furadas derrama sua cabeça e sua barba como um enxoval noturno
estende até o Mar
no exílio onde padeço angústia os muros invadem minha memória
atirada no Abismo e meus olhos meus manuscritos meus amores
pulam no Caos

POEMA SUBMERSO

Eu era um pouco da tua voz violenta, Maldoror
quando os cílios do anjo verde enrugavam as
chaminés da rua onde eu caminhava
E via tuas meninas destruídas como rãs por
uma centena de pássaros fortemente de passagem
Ninguém chorava no teu reino, Maldoror, onde o
infinito pousava na palma da minha mão vazia
E meninos-prodígios eram seviciados pela Alma
ausente do Criador
Havia um revólver imparcialíssimo vigiado pelas
Amebas no telhado roído pela urina de tuas borboletas
Um jardim azul sempre grande deitava nódoas nos
meus olhos injetados
Eu caminhava pelas aleias olhando com alucinada ternura
as meninas na grande farra dos canteiros de
insetos baratinados
Teu canto insatisfeito semeava o antigo clamor dos
piratas trucidados
Enquanto o mundo de formas enigmáticas se desnudava
para mim, em leves mazurcas

PARANOIA EM ASTRAKHAN

Eu vi uma linda cidade cujo nome esqueci
onde anjos surdos percorrem as madrugadas tingindo seus [olhos com
lágrimas invulneráveis
onde crianças católicas oferecem limões para pequenos [paquidermes
que saem escondidos das tocas
onde adolescentes maravilhosos fecham seus cérebros para [os telhados
estéreis e incendeiam internatos
onde manifestos niilistas distribuindo pensamentos furiosos [puxam
a descarga sobre o mundo
onde um anjo de fogo ilumina os cemitérios em festa e a [noite caminha
no seu hálito
onde o sono de verão me tomou por louco e decapitei o [Outono de sua
última janela
onde o nosso desprezo fez nascer uma lua inesperada no [horizonte
branco
onde um espaço de mãos vermelhas ilumina aquela [fotografia de peixe
escurecendo a página

onde borboletas de zinco devoram as góticas hemorroidas
das beatas
onde as cartas reclamam drinks de emergência para lindos
[tornozelos
arranhados
onde os mortos se fixam na noite e uivam por um punhado
[de fracas
penas
onde a cabeça é uma bola digerindo os aquários desordenados da
imaginação

VISÃO DE SÃO PAULO À NOITE
POEMA ANTROPÓFAGO SOB NARCÓTICO

Na esquina da rua São Luís uma procissão de mil pessoas
acende velas no meu crânio
há místicos falando bobagens ao coração das viúvas
e um silêncio de estrela partindo em vagão de luxo
fogo azul de gim e tapete colorindo a noite, amantes
chupando-se como raízes
Maldoror em taças de maré alta
na rua São Luís o meu coração mastiga um trecho da minha vida
a cidade com chaminés crescendo, anjos engraxates com sua gíria
feroz na plena alegria das praças, meninas esfarrapadas
definitivamente fantásticas
há uma floresta de cobras verdes nos olhos do meu amigo
a lua não se apoia em nada
eu não me apoio em nada
sou ponte de granito sobre rodas de garagens subalternas
teorias simples fervem minha mente enlouquecida
há bancos verdes aplicados no corpo das praças
há um sino que não toca
há anjos de Rilke dando o cu nos mictórios
reino-vertigem glorificado
espectros vibrando espasmos

beijos ecoando numa abóbada de reflexos
torneiras tossindo, locomotivas uivando, adolescentes roucos
enlouquecidos na primeira infância
os malandros jogam ioiô na porta do Abismo
eu vejo Brama sentado em flor de lótus
Cristo roubando a caixa dos milagres
Chet Baker ganindo na vitrola
eu sinto o choque de todos os fios saindo pelas portas
partidas do meu cérebro
eu vejo putos putas patacos torres chumbo chapas chopes
vitrinas homens mulheres pederastas e crianças cruzam-se e
abrem-se em mim como lua gás rua árvores lua medrosos
[repuxos
colisão na ponte cego dormindo na vitrina do horror
disparo-me como uma tômbola
a cabeça afundando-me na garganta
chove sobre mim a minha vida inteira, sufoco ardo flutuo-me
nas tripas, meu amor, eu carrego teu grito como um tesouro
afundado
quisera derramar sobre ti todo meu epiciclo de centopeias libertas
ânsia fúria de janelas olhos bocas abertas, torvelins de vergonha,
correrias de maconha em piqueniques flutuantes
vespas passeando em volta das minhas ânsias
meninos abandonados nus nas esquinas
angélicos vagabundos gritando entre as lojas e os templos
entre a solidão e o sangue, entre as colisões, o parto
e o Estrondo

A PIEDADE

Eu urrava nos poliedros da Justiça meu momento abatido na extrema
paliçada
os professores falavam da vontade de dominar e da luta pela vida
as senhoras católicas são piedosas
os comunistas são piedosos
os comerciantes são piedosos
só eu não sou piedoso
se eu fosse piedoso meu sexo seria dócil e só se ergueria aos
sábados à noite
eu seria um bom filho meus colegas me chamariam cu de ferro e me
fariam perguntas por que navio boia? Por que prego afunda?
eu deixaria proliferar uma úlcera e admiraria as estátuas de
fortes dentaduras
iria a bailes onde eu não poderia levar meus amigos pederastas ou
barbudos
eu me universalizaria no senso comum e eles diriam que tenho
todas as virtudes
eu não sou piedoso
eu nunca poderei ser piedoso
meus olhos retinem e tingem-se de verde
Os arranha-céus de carniça se decompõem nos pavimentos
Os adolescentes nas escolas bufam como cadelas asfixiadas
arcanjos de enxofre bombardeiam o horizonte através dos meus
[sonhos

PRAÇA DA REPÚBLICA DOS MEUS SONHOS

A estátua de Álvares de Azevedo é devorada com paciência pela
[paisagem
de morfina
a praça leva pontes aplicadas no centro de seu corpo e crianças
[brincando
na tarde de esterco
Praça da República dos meus sonhos
onde tudo se faz febre e pombas crucificadas
onde beatificados vêm agitar as massas
onde García Lorca espera seu dentista
onde conquistamos a imensa desolação dos dias mais doces
os meninos tiveram seus testículos espetados pela multidão
lábios coagulam sem estardalhaço
os mictórios tomam um lugar na luz
e os coqueiros se fixam onde o vento desarruma os cabelos
Delirium tremens diante do Paraíso bundas glabras sexos de papel
anjos deitados nos canteiros cobertos de cal água fumegante na
privadas cérebros sulcados de acenos
os veterinários passam lentos lendo *Dom Casmurro*
há jovens pederastas embebidos em lilás
e putas com a noite passeando em torno de suas unhas
há uma gota de chuva na cabeleira abandonada
enquanto o sangue faz naufragar as corolas
Oh minhas visões lembranças de Rimbaud praça da República dos meu
Sonhos última sabedoria debruçada numa porta santa

POEMA DE NINAR PARA MIM E BRUEGEL

Ninguém ampara
o cavaleiro do mundo delirante
MURILO MENDES

Eu te ouço rugir para os documentos e as multidões
denunciando tua agonia às enfermeiras desarticuladas
A noite vibrava o rosto sobrenatural nos telhados manchados
Tua boca engolia o azul
Teu equilíbrio se desprendia nas vozes das alucinantes
madrugadas
Nas boates onde comias picles e lias Santo Anselmo
nas desertas ferrovias
nas fotografias inacessíveis
nos topos umedecidos dos edifícios
nas bebedeiras de xerez sobre os túmulos
As leguminosas lamentavam-se chocando-se contra o vento
drogas davam movimento demais aos olhos
Saltimbancos de Picasso conhecendo-se numa viela maldita
e os ruídos agachavam-se nos meus olhos turbulentos
resta dizer uma palavra sobre os roubos
enquanto os cardeais nos saturam de conselhos bem-aventurados
e a Virgem lava sua bunda imaculada na pia batismal

Rangem os dentes da memória
segredos públicos pulverizam-se em algum ponto da América
peixes entravados se sentam contra a noite
O parque Shanghai é conquistado pela lua
adolescentes beijam-se no trem fantasma
sargentos se arredondam no palácio dos espelhos
Eu percorro todas as barracas
atropelando anjos da morte chupando sorvete
os fios telegráficos simplificam as enchentes e as secas
os telefones anunciam a dissolução de todas as coisas
a paisagem racha-se de encontro com as almas
o vento sul sopra contra a solidão das janelas e as
gaiolas de carne crua
Eu abro os braços para as cinzentas alamedas de São Paulo
e como um escravo vou medindo a vacilante música das flâmulas

BOLETIM DO MUNDO MÁGICO

Meus pés sonham suspensos no Abismo
minhas cicatrizes se rasgam na pança cristalina
eu não tenho senão dois olhos vidrados e sou um órfão
havia um fluxo de flores doentes nos subúrbios
eu queria plantar um taco de *snooker* numa estrela fixa
na porta do bar eu estou confuso como sempre mas as galerias do
meu crânio não odeiam mais a batucada dos ossos
colégios e carros fúnebres estão desertos
pelas calçadas crescem longos delírios
punhados de esqueletos são atirados no lixo
eu penso nos escorpiões de ouro e estou contente
os luminosos cantam nos telhados
eu posso abrir os olhos para a lua aproveitar o medo das nuvens
mas o céu roxo é uma visão suprema
minha face empalidece com o álcool
eu sou uma solidão nua amarrada a um poste
fios telefônicos cruzam-se no meu esôfago
nos pavimentos isolados meus amigos constroem um manequim
[fugitivo
meus olhos cegam minha mente racha-se de encontro a uma calota
minha alma desconjuntada passa rodando

O VOLUME DO GRITO

Eu sonhei que era um Serafim e as putas de São Paulo avançavam na
densidade exasperante
estátuas com conjuntivite olham-me fraternalmente
defuntos acesos tagarelam mansamente ao pé de um cartão de visita
bacharéis praticam sexo com liquidificadores como os pederastas cuj
santidade confunde os zombeteiros
terraços ornados com samambaias e suicídios onde também as
[confissões
mágicas podem causar paixões de tal gênero
relógios podres turbinas invisíveis burocracias de cinza
cérebros blindados alambiques cegos viadutos demoníacos
capitais fora do Tempo e do Espaço e uma Sociedade Anônim
regendo a ilusão da perfeita Bondade
os gramofones dançam no cais
o Espírito Puro vomita um aplauso antiaéreo
O Homem Aritmético conta em voz alta os minutos que nos faltam
contemplando a bomba atômica como se fosse seu espelho
encontro com Lorca num hospital da Lapa
a Virgem assassinada num bordel
estaleiros com coqueluche espetando *banderillas* no meu Tabu
eu bebia chá com pervitin para que todos apertassem minha mão
elétrica
as nuvens coçavam os bigodes enquanto masturbavas colérico sobre
cadáver ainda quente de tua filha menor
a lua tem violentas hemoptises no céu de nitrato
Deus suicidou-se com uma navalha espanhola

os braços caem
os olhos caem
os sexos caem
Jubileu da morte
ó rosas ó arcanjos ó loucura apoderando-se do luto azul suspenso
[na minha
voz

JORGE DE LIMA, PANFLETÁRIO DO CAOS

Foi no dia 31 de dezembro de 1961 que te compreendi Jorge de Lima
enquanto eu caminhava pelas praças agitadas pela melancolia
presente
na minha memória devorada pelo azul
eu soube decifrar os teus jogos noturnos
indisfarçável entre as flores
uníssonos em tua cabeça de prata e plantas ampliadas
como teus olhos crescem na paisagem Jorge de Lima e como tua
boca
palpita nos bulevares oxidados pela névoa
uma constelação de cinza esboroa-se na contemplação inconsútil
de tua túnica
e um milhão de vaga-lumes trazendo estranhas tatuagens no ventre
se despedaçam contra os ninhos da Eternidade
é neste momento de fermento e agonia que te invoco grande
alucinado
querido e estranho professor do Caos sabendo que teu nome deve
estar como um talismã nos lábios de todos os meninos

STENAMINA BOAT

Prepara tu esqueleto para el aire
GARCÍA LORCA

Eu queria ser um anjo de Piero della Francesca
Beatriz esfaqueada num beco escuro
Dante tocando piano ao crepúsculo
eu penso na vida sou reclamado pela contemplação
olho desconsolado o contorno das coisas copulando no caos
Eu reclamo uma lenda instantânea para o meu Mar Morto
Tempo e Espaço pousam no meu antebraço como um ídolo
há um osso carregando uma dentadura
Eu vejo Lautréamont num sonho nas escadas de Santa Cecília
ele me espera no largo do Arouche no ombro de um santuário
hoje pela manhã as árvores estavam em Coma
meu amor cuspia brasas nas bundas dos loucos
havia tinteiros medalhas esqueletos vidrados flocos dálias
 explodindo no cu ensanguentado dos órfãos
meninos visionários arcanjos de subúrbio entranhas em êxtase
 [alfinetados
 nos mictórios atômicos
minha loucura atinge a extensão de uma alameda
as árvores lançam panfletos contra o céu cinza

POEMA LACRADO

meu abraço plurissexual na sua
imagem niquelada
onde o grito
desliza suavemente nos seios fixos
a
diminuta peça teatral estreando para os alucinados
e as
crianças instalavam transatlânticos nas bacias
de água morna
Tarde de estopa carcomida
e pêssego com marshmallow no Lanches Pancho
meu pequeno estúdio invadido por meus amigos
bêbados
Miles Davis a 150 quilômetros por hora
caçando minhas visões como um demônio
uma avenida sem nome e uma esferográfica Parker
nos meus manuscritos
e os anjos catando micróbios psicomânticos
dentro dos Táxis
minhas alucinações arrepiando os cabelos do sexo de
[Whitman
ó janela insone que a chuva
abre desesperada!
ó delírio das negras à saída das
prisões!

os drinks desfilam diante dos amigos
embriagados no tapete
Saratoga Springs
Kummel Coquetel
minhas almas estão sendo enforcadas
com intestinos de esqualos
meus livros flutuam horrivelmente
no parapeito meu melhor amigo
brinca de profeta
no meu cérebro oito mil vaga-lumes
balbuciam e morrem

L'OVALLE DELLE APPARIZIONI

... e quindi il vivere è di sua
propria natura uno stato violento.
LEOPARDI

Eu queria ver as caras dos estranhos embaixadores da Bondade
[quando me
vissem passar entre as rosas de lama fermentando nas ruelas onde
a Morte é tal qual uma porrada
tilintam campainhas nas asas dos anjos que vão passar
tanto as cidades que percorrem como as cidades que abandonam
[estão vazias
som morte tempo ossos verdes vontade energia e as habituais velhas
loucas distribuindo bombons aos meninos pobres
o apito disentérico das fábricas expulsando escravos
bailarinos trazendo a maresia nojenta dos fiordes endoidecendo atrás
dos tapumes indevassáveis
grossas fatias de penumbra nos olhos vencidos pelo álcool
eixos titânicos montados na mente onde a heterossexualidade
[quer nos
comer vivos
partos desenfreados extraindo larvas angulosas
e as crianças fazendo haraquiri ao som de Lohengrin
sobre os pavimentos desolados o firmamento está distante como
[nunca
nós provamos a esperança desesperada que acompanha cada
[gosto ritual
enquanto nossas tripas agonizam nos indefesos caules das
[hortênsias

RUA DAS PALMEIRAS

Minha visão com os cabelos presos nos rumores de uma rua o sol
[fazendo
florescer as persianas por detrás do futuro
meu impulso de conquistar a Terra violentamente descendo uma
[rua
gasta
minha vertigem entornando a alma violentamente por uma rua
[estranha
os insetos as nuvens costuram o espaço avermelhado de um céu
[sem dentes
as copeiras se estabelecem nas sacadas para gritar
o sangue fermenta debaixo das tábuas
meninas saem de mãos dadas sem que a Tarde deixe marca nas
[unhas
onde está tua alma sempre que o velho Anjo conquista as árvores
com seu sêmen?
os aviões desencadeiam uma saudade metálica do outro lado do
[mundo
colunas de vômito vacilam pelos olhos dos loucos
corpos de bebês mortos apontam na direção de uma praça vazia
o tapume os vultos meu delírio prestes a serem obliterados pelo
crepúsculo
almas inoxidáveis flutuando sobre a estação das angústias suarentas
as palavras cobrem com carícias negras os fios telefônicos
no ar no vento nas poças as bocas apodrecem enquanto a noite
soluça no alto de uma ponte

OS ANJOS DE SODOMA

Eu vi os anjos de Sodoma escalando
um monte até o céu
E suas asas destruídas pelo fogo
abanavam o ar da tarde
Eu vi os anjos de Sodoma semeando
prodígios para a criação não
perder seu ritmo de harpas
Eu vi os anjos de Sodoma lambendo
as feridas dos que morreram sem
alarde, dos suplicantes, dos suicidas
e dos jovens mortos
Eu vi os anjos de Sodoma crescendo
com o fogo e de suas bocas saltavam
medusas cegas
Eu vi os anjos de Sodoma desgrenhados e
violentos aniquilando os mercadores,
roubando o sono das virgens,
criando palavras turbulentas
Eu vi os anjos de Sodoma inventando
a loucura e o arrependimento de Deus

PAISAGEM EM 78 RPM

A criança abaixa as sobrancelhas
e o sorvete
sobre a cabeça de lata de Camões
esquecida atentamente nos estofos normais de um Packard
Eu sou naquela tarde um ritmo
sabendo de antemão um coração ferido
Sem ser necessariamente elogiado pelos plátanos
ou saltar das fronteiras
de São Paulo para abraçar
as redondilhas da vida pastoral
Os filantropos entraram com o pé direito
na Casa da Aventura Lansquené
e os pardais urravam nos ninhos
feitos com cabelos de Trótski
as latas de compota riam com as línguas
de fora
o Sol se punha nos meus planos
e
a
nossa
amante ruiva bota no pescoço um
lenço verde de Tolstói
No alto
do Viaduto o louco colava pedacinhos de céu
na camisa
[de força

destruindo o horizonte a marteladas
a Morte
é
um
REFRÃO NO CRÂNIO SEM JANELAS

NO PARQUE IBIRAPUERA

Nos gramados regulares do Parque Ibirapuera
Um anjo da Solidão pousa indeciso sobre meus ombros
A noite traz a lua cheia e teus poemas, Mário de Andrade, regam minha
imaginação
Para além do parque teu retrato em meu quarto sorri
para a banalidade dos móveis
Teus versos rebentam na noite como um potente batuque
fermentado na rua Lopes Chaves
Por detrás de cada pedra
Por detrás de cada homem
Por detrás de cada sombra
O vento traz-me o teu rosto
Que novo pensamento, que sonho sai de tua fronte noturna?
É noite. E tudo é noite.
É noite nos para-lamas dos carros
É noite nas pedras
É noite nos teus poemas, Mário!
Onde anda agora a tua voz?
Onde exercitas os músculos da tua alma, agora?
Aviões iluminados dividem a noite em dois pedaços
Eu apalpo teu livro onde as estrelas se refletem
como numa lagoa

É impossível que não haja nenhum poema teu
escondido e adormecido no fundo deste parque
Olho para os adolescentes que enchem o gramado
de bicicletas e risos
Eu te imagino perguntando a eles:
onde fica o pavilhão da Bahia?
qual é o preço do amendoim?
é você meu girassol?
A noite é interminável e os barcos de aluguel
fundem-se no olhar tranquilo dos peixes
Agora, Mário, enquanto os anjos adormecem devo
seguir contigo de mãos dadas noite adiante
Não só o desespero estrangula nossa impaciência
Também nossos passos embebem as noites de calafrios
Não pares nunca meu querido capitão-loucura
Quero que a Pauliceia voe por cima das árvores
suspensa em teu ritmo

POEMA PORRADA

Eu estou farto de muita coisa
não me transformarei em subúrbio
não serei uma válvula sonora
não serei paz
eu quero a destruição de tudo que é frágil:
        cristãos fábricas palácios
        juízes patrões e operários
uma noite destruída cobre os dois sexos
minha alma sapateia feito louca
um tiro de máuser atravessa o tímpano de
        duas centopeias
o universo é cuspido pelo cu sangrento
        de um Deus-Cadela
as vísceras se comovem
eu preciso dissipar o encanto do meu velho
        esqueleto
eu preciso esquecer que existo
mariposas perfuram o céu de cimento
eu me entrincheiro no Arco-Íris
Ah voltar de novo à janela
        perder o olhar nos telhados como
        se fossem o Universo
o girassol de Oscar Wilde entardece sobre os tetos
eu preciso partir um dia para muito longe
o mundo exterior tem pressa demais para mim
São Paulo e a Rússia não podem parar

quando eu ia ao colégio Deus tapava os ouvidos para mim?
a Morte olha-me da parede pelos olhos apodrecidos
de Modigliani
eu gostaria de incendiar os pentelhos de Modigliani
minha alma louca aponta para a Lua
vi os professores e seus cálculos discretos ocupando
o mundo do espírito
vi criancinhas vomitando nos radiadores
vi canetas dementes hortas tampas de privada
abro os olhos as nuvens tornam-se mais duras
trago o mundo na orelha como um brinco imenso
a loucura é um espelho na manhã de pássaros sem Fôlego

POEMA DA ETERNIDADE SEM VÍSCERAS

Na última lua eu odiava as montanhas
minha memória quebrada não pode receber
    o amor
eu tomava sopa aguardando meus amigos desordeiros
    no outro lado da noite
este é o meu estranho emprego este mês
outro tempo quando o velho Gide se despachava para a África
    meu coração era sólido eu dançava
eu assistia uma guerra de chapéus e as brancas
    lacerações dos garotos no Ibirapuera angélico
    terreno vazio onde eu mastigava tabletes de
    chocolate branco
no próximo instante eu vi árvores e aeroplanos com bigodes
    e lágrimas de Ouro
no Ibirapuera esta noite eu perdi minha solidão
ROBERTO PIVA TRANSFERIDO PARA REPARO DE VÍSCERAS
todos os meus sonhos são reais oh milagres epifanias
    do crânio e do amor sem salvação que eu sabia presos
    no topo da minha alma
meu esqueleto brilhava na escuridão
    repleto de drogas
eu nunca estou satisfeito e ando um incorrigível demônio
    lunático com os dez dedos roídos tamborilando num campo
    magnético
memória do arsênico que eu dei a uma pomba
    os olhos cinzentos do céu meu oculto Totem espiritual

METEORO

Eu direi as palavras mais terríveis esta noite
enquanto os ponteiros se dissolvem
contra o meu poder
contra o meu amor
no sobressalto da minha mente
meus olhos dançam
no alto da Lapa os mosquitos me sufocam
que me importa saber se as mulheres são
férteis se Deus caiu no mar se
Kierkegaard pede socorro numa montanha
da Dinamarca?
os telefones gritam
isoladas criaturas caem no nada
os órgãos de carne falam morte
morte doce carnaval de rua do
fim do mundo
eu não quero elegias mas sim os lírios
de ferro dos recintos
há uma epopeia nas roupas penduradas contra
o céu cinza
e os luminosos me fitam do espaço alucinado
quantos lindos garotos eu não vi sob esta luz?

eu urrava meio louco meio estarrado meio fendido
narcóticos santos ó gato azul da minha mente!
eu não posso deter nunca mais meus Delírios
Oh Antonin Artaud
Oh García Lorca
        com seus olhos de aborto reduzidos
        a retratos

                almas
                        almas
                                como icebergs
                                como velas
                                como manequins mecânicos
e o clímax fraudulento dos sanduíches almoços
                                sorvetes controles ansiedades
eu preciso cortar os cabelos da minha alma
eu preciso tomar colheradas de
                                Morte Absoluta
eu não enxergo mais nada
meu crânio diz que estou embriagado
suplícios genuflexões neuroses
        psicanalistas espetando meu pobre
        esqueleto em férias

eu apertava uma árvore contra meu peito
    como se fosse um anjo
meus amores começam a crescer
passam cadillacs sem sangue os helicópteros
    mugem
minha alma minha canção bolsos abertos
    da minha mente
eu sou uma alucinação na ponta de teus olhos

PIAZZAS

INTRODUÇÃO

Uma tarde em que eu ouvia Palestrina por toda uma vida sem
obstáculo, sem a floresta do afogamento, meu companheiro
surgiu no balaústre de meu quarto seus cabelos ondulando
com a curvatura da Terra & me disse com sua desgraça de
Anjo: o estado originário da imaginação se reencontra na
primeira figura da natureza & isto é na aspereza cobiçosa que
guia a sua figura através do mundo obscuro & até ao fogo —
O intervalo tirou o seu fio decapitado entre nós & o sopro
da Substância de Joelhos se perdeu de vista — O pequeno
coração me reteve em flor: Escuta eu sou o Tríptico — os
pássaros me envolveram & ele me reteve.   Às cinco horas
eu recomeço uma vida a partir do caprichoso hálito que Jacob
Böhme me acusa naquela tarde de gelo & tristeza originais
Meu companheiro dizia: é fácil aprisionar alguém na fome
de uma flor   Assim a Estrela estava sólida no dente fatigado
A negra diligência oferecia seus ramos sem chance   Seu
rosto permanecia ensolarado pela doçura   Às cinco horas
aquele que Devora se mostrou entre as ondas   Infantil
entre as pálpebras como num enterro Soluçando   Aquele
que Devora teve suas núpcias de pedra — Freud é o Inferno
Musical   Nietzsche é o Paraíso   Meu companheiro é o
Jardim das Delícias   A Figura Negra está impertinente como
um Porta-Estandarte   Heliogábalo o novo dia recomeça
Este é o único turbilhão que meus olhos possuem — O Karma
coletivo me aborrece eu acordo com uma luz que me acena
por cima dos tetos aquelas mesmas flores após a longa chuva

de corações, abanam para sempre os instantes pegajosos que se precipitam na Rocha Eu acordo & elas existem como luz encarnada crescendo em escalas até o supremo Girassol — Como um enorme porco verde perto de um lago o Demônio esteve 2 noites ao meu lado plantando seus pesadelos entre minhas mãos & o Sono   Ele supervisionou as portas que me retêm dentro das raízes da Mandrágora   Eu viro a cabeça um órgão multiplica & ferve uma Mensagem — Uma luz azul amortece através da vidraça Dante & Beatriz com suas novas faces poderiam vir até mim agora Frankenstein Rimbaud Blake   todos pelos chuveiros todos pelas paredes, estes mitos,   estes gregos adolescentes no domingo de seus amores   como pequenas crianças   enrubescendo todo mundo   Ruas   Praças cheias de silêncio   as árvores outra vez todos estes mitos com seus roxos corpos nus todos chamando por mim & meu amigo para morar com eles crânios galopantes   Rimbaud Shelley Caravaggio & o braço sorridente também   Nos escuros tapetes cinzentos da luz Nas caminhadas de sábado   Nos jantares   Apertando as avenidas nos bolsos alaranjados   Eles mesmos, através da Terra

ROBERTO PIVA
São Paulo, ago. 1964

Eu levarei meu amor
tal como um apóstolo de outrora
por mil e mil caminhos.
MAIAKÓVSKI

PIAZZA I

Uma tarde
é suficiente para ficar louco
ou ir ao Museu ver Bosch
uma tarde de inverno
sobre um grave pátio
onde *garòfani*   milk-shake & Claude
obcecado com anjos
ou vastos motores que giram com
uma graça seráfica
tocar o banjo da Lembrança
sem o amor encontrado   provado   sonhado
&   longos   viveiros   municipais
sem procurar compreender
imaginar
a medula sem olhos
ou pássaros virgens
aconteceu que eu revi
a simples torre mortal do Sonho
não com dedos reais & cilíndricos
Du Barry   Byron   Marquesa de Santos
Swift   Jarry   com barulho
de sinos nas minhas noites de bárbaro
os carros de fogo
os trapézios de mercúrio
suas mãos escrevendo & pescando
ninfas escatológicas

pequenos canhões do sangue & os grandes olhos abertos
para algum milagre da Sorte

HOMENAGEM AO MARQUÊS DE SADE

O Marquês de Sade vai serpenteando menstruado por
máquinas & outras vísceras
imperador sobre-humano pedalando a Ursa maior no
tórax do Oceano
onde o crocodilo vira o pescoço & acorda a flor louca
cruzando a mente num suspiro
é aéreo o intestino acústico onde ele deita com o vasto
peixe da tristeza violentando os muros de sacarina
ele se ajoelha na laje cor do Tempo com o grito das
Minervas em seus olhos
o grande cu de fogo de artifício incha este espelho de
adolescentes com uma duna em cada mão
as feridas vegetais libertam os rochedos de carne
empilhadas na Catástrofe
um menino que passava comprimiu o dorso descabelado
da mãe uivando na janela
a fragata engraxada nos caminhos da sobrancelha
calcina
o chicote de ar do Marquês de Sade
no queixo das chaminés
falta ao mundo uma partitura ardente como o hímen
dos pesadelos
os edifícios crescem para que eu possa praticar amor
nos pavimentos
o Marquês de Sade pôs fogo nos ossos dos pianistas que
rachavam como batatas

ele avança com tesouras afiadas tomando as nuvens de
assalto
ele sopra um planador na direção de um corvo agonizante
ele me dilacera & me protege contra o surdo século de
quedas abstratas

O ROBÔ PEDERASTA

Um dos robôs correra para junto da criança & pegara nela ao colo, acariciando-a com uma gentileza que não parecia ser possível num robô daquelas dimensões.

ISAAC ASIMOV

Não vale
sair
com asas
onde
o cra cra cra cra cra cra cra
cra cra cra cra cra cra
se amassava
nas
velas apagadas
quem
quer
o telhado
de lágrimas?
beberei veneno
contra
teu temperamento
alegria que se
espera
raio X de gente que
desce do alto
porta acesa
olhar inchado no escuro
Signorine, la danza della Morte è servita
algumas ficaram
LOUCAS

PIAZZA II

Uma daquelas torres
como uma plataforma de sonhos
onde um anjo de sono quente
em estranhos véus
verdadeiro como o desejo
mãos & mordidas
a abelha louca
agora esmagada
nos ombros
do jardineiro asteca
dor irradiando
no ar
sobre o olhar sonâmbulo
do anjo
que ainda grita

O INFERNO MUSICAL

As horríveis pianolas
de câncer
descendo várias semínimas
até o Galo
ondas de meu agrado
& sempre
sonorizando a Hora Premeditada
OS QUINZE VELOCÍPEDES
NA LADEIRA
DO AMOR
como um Mar de bocas
tóxicas de Sagitário
ondulando nas almas
que dançam despidas
MONSTROS GIRATÓRIOS
pijamas

PIAZZA III

Meus olhos
entornados
num ligeiro sonho
automático
em necessária
rifa de encantos
algumas vezes
falando fora de
mim mesmo
& além disso
consolado
nos terraços
de tijolos úmidos &
gerânios de cobalto
assobiando lentas canções
quando eu lembrava Jean
a olhar para mim
citando Baudelaire
na penumbra
onde seu rosto
teria podido matar
numa doce ELEVADA
fome

PIAZZA IV

Estômagos de praças
com plátanos manchados de azul
com filatelistas
transpirando
amputações de
pombas metálicas nos coitos rápidos
as armaduras
dos gineceus
em zumbidos surdos
de besouros de borracha
os bocejos macerando o ar
onde estão as
fricções fraudulentas das
ilusões do amor
o inatingível bolo
nascendo
no lindo lugar
de um amável coração
um banco revirado
cheio de silêncio
a tarde
sorrindo de frio
para poucas
cenas de ciúme
ou
Rimbaud

beijando as pessoas
sua máscara lógica
LIMITES DA LAREIRA acabando de tombar
sem nenhum pássaro dentro

PIAZZA V

Oswald Spengler tem uma
porta no seu tornozelo
& nuvens através dele
limpando a pele
que projeta
um velho cachecol marrom
em seu olho
eu penso
pelos seus
líquidos compassos de sátiro
até
um cenário de músculos
impedido de esmagar
o carvão de
vidro verde
que aquece
a estrela nua de
anteontem
Oswald Spengler tem uma porta no seu tornozelo
batendo
até
altas horas

PARAÍSO

Beijos através do vidro
seus brancos
fantasmas
na Quinta-feira das flores
a lua chegando na minha carne
ritmos portáteis
como agora
esta espécie de música
nascendo ao mesmo tempo
em máquinas
& ilusões
nenhum cálice
nenhum amor
o timbre
um encanto do leão
arrastado
além da rua
algabal = amuleto
ramos esquerdos da macieira
no Paraíso
das VELHAS TARDES

PIAZZA VI

Algumas vezes
as bombas de sorvete
caindo há 15 anos
durante a tempestade
Sem ler
Freud ou Villon
os garotos
rompem barreiras
então em qualquer
terreno baldio
iluminam
vestem-se
no furacão do amor humano
onde
um cometa se desdobra
TESTE DI RAGAZZI CHE RIDONO
nos céus de whisky
em cada canto da BOCA
cósmica

O JARDIM DAS DELÍCIAS

Teu sopro no corrimão anatômico sobre meus olhos
aquela serpente com escamas de cicuta sacudida entre
    tuas coxas de megatons
é um meio seguro de não mais aconchegar a mais serena
    catástrofe
como um espelho de vingança acordado por um bater
    de asas
& um piano que rola até o limite de doces raízes
onde se completam as cachoeiras das trepanações
TEUS OLHOS SÃO GRITOS DEMASIADO REDONDOS
Meu circuito de trincheiras pela mesma razão de ninho
    de águia
tempo em que os 12 andares do sexo correm persianas
    de galalite
relâmpagos do mesmo líquen magnético de tua boca
    de quinze anos
quando não vais à escola para assistires Flash Gordon
    & ler Otto Rank nas esquinas
o mundo continua sendo um breve colapso logo que as
    pálpebras baixem
& meu amor por ti uma profanação consciente de eternas
    estrelas de rapina

PIAZZA VII

O equilíbrio (embora meu)
é um pouco teu como esta luz ao nível da maré
que tu divides benfeitor fascinando meu olho de fogo
justo
é a vibração impossível de domar agora na potência do
vazio celeste
dizem que urras
desmaias & tens visões
rolando sobre tua boca dilatada as auroras feitas de
Presa

LENTO COURO BRANCO DA PERIFERIA

O garoto salta do canto uma tapeçaria tirada das
vísceras
no fundo do armário eu acariciei um barco uma
lacraia no crânio
pêndulo que esvai então circuito de vermes gritadores
entre as esporas de um pandeiro o microssulco
combativo
fabuloso
vibratório
quando viajas queimada a campânula
astralucidez
em todos brilhando a propulsão entre os dedos
crepacuore
cão de cristal negro
luzindo como flores
cuja aranha espera árvore infatigável no coração

MATÉRIA & CLARINETA

As panteras das plumas & as tranças das estrelas
numa fuselagem sem saída
um pelicano de tempos em tempos esganiça o mar dos
    ambulantes
noite de meninos com corações brancos
fendas diminuídas na imóvel lamentação entre a sopa
    & o garfo de polaroide
os canteiros dos clavicórdios em oblíqua oração sob os
    dentes
um curto langor & velas ampliando

PIAZZA VIII

Eu aprendi com Rimbaud
    & Nietzsche os meus
    toques de INFERNO
(Anjos de Freud,
        sustentai-me!)
& afirmando isto
    através dos quartos sem tetos
    & amores azuis
eu corro até a colher de espuma fervente
    driblando-me no cemitério
faminto da última FOME
com tumbas & amantes cheios de pétalas
porque o céu foi nossa última chance
    esta noite

UMA AURORA LATENTE

A tocaia no terçol dos incêndios
numa cúpula contaminada de belas nuvens
rumoreja
incha algumas vezes no sal do canto da boca
na estrela perdida entre os pássaros da terra
o soluço agora fonte de cores
teu olhar
navegando o cristal das pequenas unhas
no túnel do meu coração perdido para sempre

LÁ FORA, QUANDO O VENTO ESPERA...

Une nuit de sorcellerie
Comme cette nuit-ci
APOLLINAIRE

O coração gelado do pavão na noite
ouvindo estrelas
no vazio de um grande piano
não me surpreendendo agora
o sorriso de sua doce anatomia
as pernas quentes no meio da rua
todo meu rosto deslizando em lágrimas no espelho
o negro animal do amor morreu de fome nos acordes
finais de um peito nebuloso
não outra vez
loiros fantasmas
fornicando em meu olho

UMA FLOR SUSTENTA A CABEÇA MORTA DE HART CRANE

Nossas vidas
entre as luzes das árvores
com bandeiras ao vento
nas ruas sonoras
um apelo breve
às margens da inocência
Voando nossas almas
como pássaros no Tempo
Meu olhar tomba sobre esta cidade com seus
chifres elétricos
tudo parecia explodir como gotas eriçadas
fugindo dos tapumes
dois corpos duas caixas
famintas no céu
& dentro delas os altos terraços de seus
cérebros
existem estrelas por toda parte & gelo
não caminhamos mais
& o Tempo passa

HELIOGÁBALO

I

O Eros quer o contato,
pois tende à união,
à supressão dos limites espaciais
entre o Eu e o objeto amado.
SIGMUND FREUD

No grande telhado de carne a mão Quadrilátero latejava sua auréola em torno do minúsculo ovo de osso negro teus olhos estendidos sobre as mesmas órbitas de folhas o sopro rítmico de todas as janelas roçando muitos periscópios na superfície de tua boca inflamada eu estava prestes a me desfazer como um olho sonoro dentro de um relógio submerso onde as algas cravaram suas unhas de sono vegetal na colina machucada do coração. Algumas rúpias perdidas entre um rochedo de nácar, beija-flores aquáticos com penas canibais & ânus de pérola avançavam ao mesmo tempo que minhas tristes palpitações. Tremores de uma alucinação feroz em giros excêntricos pelos porões das velhas escunas onde fui atirado em segmentos perpendiculares aos cantos arqueados dos joelhos enquanto tuas vísceras me envolvem & eu fico prisioneiro para sempre. Um doce mormaço nos faz levitar através das ondulações crispadas no estômago do GRANDE POLVO. Minha boca presa à tua nuca de seda vermelha nos abismamos no jato líquido de lilases & violetas. Assim transformados em ESTRELA teus cílios — lança — chamas incineram meu corpo ao nível da Lua. Hotel de carícias — penugem ao alcance das asas arborescentes e soluços arrastados pelas ribanceiras emolduradas, boulevárdicas.   Tuas mãos azuis são um contrapeso, um solo longínquo inanimado de um saxofone num deserto de beijos.

Nossas bocas só agora meio despertas fazem passar pássaros em revoada sob a pele. Nosso destino é construir palácios sensoriais nas praias obscuramente favoráveis.   Uma garrafa à deriva me seduz de passagem naquele espasmo da vigília como o garoto heráldico hasteado numa garra que avança & que brinca.   Cinco pancadas nos gonzos dos corações todas as tardes sobre pavilhões & jardins em debandada numa Flor Vermelha (teu único suspiro) alerta nas águias de mel subjacentes em todas as direções.   O trópico de dor concebe um magnetismo especial, borbulhante cujas pétalas são cisnes & alambiques que caem das nuvens.   Nas praças desertas os estertores estendem-se monumentais.   A cabeleira química nas fendas das lâmpadas ornamentais inscreve o ligeiro soluço do ANJO NAMOR numa galeria de meninos-sóis simetricamente fascinados.

II

Corre o rio do meu amor
para o insuperável!
Como não encontraria um rio
enfim o caminho do mar?
NIETZSCHE

Nunca mais sairei. As pontes incandescentes contornam fragilmente a pista de teu coração bordado a fogo. Chifres azulados retalham a silenciosa atmosfera donde tombam as penas dos dragões selvagens. Olhando cada ponto do canteiro esquimó eu vejo um oblato com o sexo arrancado durante a noite, o sangue coagulado entre as coxas formando um tenebroso lago Polar. As alamedas marítimas enfaixavam um horóscopo com moluscos-cartomantes embriagados de bombons velhos. A seda noturna descia sobre meu crânio como um espelho de Amor. Nós escapávamos ainda uma vez aos terremotos de silêncio alaranjado demência apaixonada encerrando-nos numa concha na larga pálpebra da floresta. Serás tu o pequeno príncipe minotauro cujas luvas de frenesi atravessam o céu? Serás tu Anubis náufrago enfeitado com lenços de hortelã? Pouco a pouco os trapézios de neon avançavam através das sobrancelhas cerradas da meia-noite. Os olhos de dois pássaros carnívoros abandonaram perigosamente suas doces órbitas vazias. Cortinas de chuva suave depositam seu pólen luminoso nas ancas crispadas de Amianto. Uma rosa giratória em permanente destruição sobre os trilhos da valsa borrifava perfumes nas gargantas pontiagudas do Outono de bárbaros. O sol levantava seu pavilhão oscilatório. Planetas de creme explodiam. Nas emanações das tochas de alabastro, flutuava um garoto de beleza Azul.

III

Certos arcanjos esburacados como lacraias se agrupam numa farândola de asas.   A cor do mundo é um pulmão verde-claro. O vento indiscutível desfila um longo cometa testemunho do tremor lunar sob meus ossos. As vozes se misturam na carapaça da tartaruga até a mais terna altitude (suas ogivas mais simples) no ponto mais acústico do coração de porcelana. Neste minuto os escafandros debruçaram nas janelas do oceano de ciprestes. Um navio miraculoso (seu único sobrevivente é um pequeno pirata cor de jambo) cruza a massa híbrida do DILÚVIO.   A orquestração de Saturno franjas de luz sobre barracudas gaguejando sua crença na vida.   O garoto-pirata conduz as sangrentas luxúrias do Leão & do Riso.   De sua coxa loira ele arranca as retinas do Diabo, de sua coxa morena os sonhos onde deitou sua magnificência. O horror de ser sua presa planta lulas de cristal na minha memória recém-chegada do fundo do mar.   Um olho gigantesco ultrapassa meu desejo de flores finas & cegas.

IV

Je te connais et t'admire en silence
RIMBAUD

Assim falam as medusas no meio dos relâmpagos. Roupagens lactescentes desfiadas em seus olhares friorentos. Nos maxilares das constelações nascem gerânios. Ventres boreais grávidos de sátrapas que giram cinzentos. Luta & vertigem nas mágicas geológicas. Os eixos na imensa vibração exaltam a tinta da folhagem seca na esfera dos trombones marinhos um pouco à minha disposição em brilhos de Tômbola. Espinheiro de carga elétrica nos túneis de ovos fritos. O barco levará certamente a tripulação de protozoários & bandeiras. Ele prepara minha surpresa preciosa: Enormes mãos brancas nos fragmentos das lágrimas dilatadas.

SLOGAN

Assim que o sol embaralhado nos seus cílios de bronze como um pequeno espanto nas folhas de luz afugenta os corações dos seus ninhos de crepúsculo o mundo vive na partitura sublinhada do meu sangue o seu único esplendor.

PIAZZA IX

Os corações árticos coçavam suas cabeleiras cultivando
a morte
grandes & ardentes no mesmo sopro de um mesmo
sorriso apodrecido
purificados como os nossos idênticos pioneiros metálicos
às vésperas dos trovões de ar que nos arrebatam as
cabeças para o céu
sobre os muros de plenas dissecações ao brilho
inesperado do salmão das nuvens
nas cidades circulares de dolorosos espinhos atômicos
na infância cor de pêssego como a hora do amor
em cada solitário as mesmas oitavas com ossos à mostra
éter & línguas sólidas que nós não vemos
catalogadas ao lado trágico das mesmas ondas paralelas
aquelas que nos transportam vencendo toda paisagem
purulenta
gotas de meninos morenos mudados em nevoentos
cascalhos de desolação
nas montanhas murchas de luar onde a lembrança é
cinzenta
correndo teu arco na tempestade solar da incerteza
o dia escurecia a auréola dos mortos descobridores de
Mágicas

PIAZZA X

O grande Estômago queimava a noite com secreções & suas saboneteiras de um verde brilhante. Além da cortina do meu quarto o grande Estômago estendia-se, no pavimento de terra batida, longo como uma Caravana. O pó que o envolvia oscilava de acordo com suas contrações vagarosas. Houve momentos excepcionais em que eu acreditei ver sua membrana de fuligem envolver a cidade.

PIAZZA XI

Agora não posso mais esquecer o quilate de meu Olho esmagando o mar como uma raivosa caravela. Meus cílios enrolavam o mundo em suavidades superiores. Um degrau vermelho sustentava minha barriga desabada em várias camadas de vísceras quentes. Meus cílios estreitavam mais & mais o mundo enrugado & roxo cujos ossos estalavam como uma floresta. Mais de uma vez o mundo amorteceu sua luz de Ovo. Minha pupila dilatou-se para engoli-lo.

ARREGIMENTAÇÃO FORMAL DA ESTRELA HINTER

Quando adormeço um folhudo girassol rói a parte lateral do meu crânio & me acena seus pequenos olhos cadentes no imenso vazio. Quando adormeço eu digo alguma coisa a este louco, a esta serpente & a esta lanterna circulando na montanha. Quando adormeço a respiração do pajé tumultua um pavão cortado ao meio para enfeitar bonecas (suas partes barrocas intercedem por mim nos diversos iglus). Quando adormeço ah pirâmide de baleias de sarjeta coloridas & sem gosto. Eu deslizo num alívio impuro de sugestões maquinais, turcas espermáticas. Quando adormeço o trigal olímpico invade minhas vértebras abraçadas com os delicados rostos de sempre, exorcismo sem significado na barbárie do Zepelim, antenas sugadoras de desertos de formigas pretas onde o trigal ondula, ondula até a morte.

PIAZZA XII

Teus olhos amarelos
ritmados numa ferida distante
de AMOR
A Rosa Azul & vazia como uma gaveta de hotel
Diga-me langorosamente os pequenos mamelucos
tremem em tentáculos eletrificados
eu provo tua boca
as folhas se desorganizam
em tapeçarias outonais
& nas curvas de teus RINS
fotografando em cores (em supremo grau como
o fogo na floresta)
uma cidade sagrada tão
AZUL

PIAZZA XIII

(élevant en un instant sur ma diarrhée
Ta droite et insurmontable cathédrale)
H. MICHAUX

As antenas horizontais as escadas de galalite
os micróbios caem nos corrimãos em forma de pálpebras
a cidade se expande em montanhas de pergaminho
nossas vidas de estranhas brutalidades
o sorriso tão esperado no horizonte da lembrança
perdido na cacofonia do verão & em densas catástrofes
nos jardins de enxofre com raízes de ZINCO
uma cabeça rodopiando seus cabelos de Roseira
Meu coração continua sua ronda como Edifícios tão Leves
para que os pardais bêbados de coca-cola anunciem
    o espírito da felicidade rapidamente entrevisto
    no seu incurável medo
Mas onde estarão Eles?
Estrela da retaguarda com Olhos de Tortura
Grandes círculos que ainda me aprisionam
& me adormecem em gulosas folhas de Verdura
Minha força perversa & terna nas janelas moribundas
    do ÚNICO AMOR chegando em tropas de narcisos
as vozes mergulham   as portas cessam de brilhar
sua enorme mão verde estende-se até a Aurora da
    Califórnia em corais bombardeados
um único homem AMEAÇADOR rompe os invernos os
    dramas as grandes Claridades ofendidas.

POSFÁCIO

As musas das artes da "aparência"
empalideceram diante de uma
arte que proclamava a verdade
na sua embriaguez.
NIETZSCHE

Numa noite em que Johnny Alf dava canja no Cambridge, noite de desejar morrer, esquecer tudo, que testemunha a confusão a loucura da minha mente com um Amor tão sujeito à decomposição, querendo fazer-me compreender & gritar tão desolado de maneira a desatinar novamente todas as criaturas, esta mesma noite, tremendo como um verdadeiro anjo estragado pela INTERRUPÇÃO CRIADORA, no instante em que dúvidas, dúvidas não me obrigavam a renunciar ao prazer do passado integrando a Dor Esfarrapada do Mundo no ansioso reconhecimento da Realidade, eu desejei enfocar as odiosas convenções sociais de uma maneira muito independente, minha & seguir adiante, desejando viver, buscando vida sempre.

Assim a constatação de que Nietzsche estava certo & lúcido ao afirmar que o homem moderno é uma mistura híbrida de planta & fantasma, & que as almas envenenadas pelo cristianismo se conformam & glorificam as conveniências em nome de uma abdicação a favor de um Deus instalado na eternidade (projeção infantil da figura do Pai como confirmaria Freud) donde reparte suas Graças entre os homens mais consumidos de ressentimento, autoflageladores & submissos.

As cavilosas maquinações contra a Vida como consequência de um Eu Ideal (Deus, Pai, Ditador) nos obrigando a renúncias instintivas, nos transformando em conflituados neuróticos sem possibilidades de Brecha alguma, reduzindo a vício o nosso espontâneo interesse pelo sexo, o cristianismo como a escola do Suicídio do Corpo revelou-se a grande Doença a ser extirpada do coração do Homem. Em todos os meus escritos procurei de uma forma blasfematória (*Paranoia*) ou numa contemplação além do bem & do mal (*Piazzas*) à la Nietzsche explicitar minha revolta & ajudar muitos a superar esta Tristeza Bíblica de todos nós, absortos num Paraíso Desumanizado, reprimido aqui & agora. Já em minhas conversas com Willer & leituras de Freud, Desnos, Ferenczi, Monnerot, eu consolidava mais & mais minha ideia da Poesia como instrumento de Libertação Psicológica & Total, como a mais fascinante Orgia ao alcance do Homem. Esta ideia incentivou-me a reler Freud & Rimbaud vinculando-os estreitamente numa proposição de Clarividência sem a qual nada poderia aproximar-se da minha Palavra com carícias & compreendê-la. Foi em Freud que encontrei melhor formulada esta Proposição inicial que desde a adolescência fermentava em mim: "O verdadeiro gozo da obra poética reside na libertação de tensões em nossa vida psíquica. Talvez este resultado obedeça em grande parte ao fato de que o poeta nos permite gozar de nossas próprias fantasias sem vergonha & sem escrúpulos".

Provido de uma tal concepção dinâmica da Realidade Poética & da "alucinação das palavras" em termos de Rimbaud, eu atingi a Poesia visando coroar de Amores em primeiro lugar a Existência. Contra a inibição de consciência da Poesia Oficial Brasileira a serviço do instinto de morte (repressão), minha poesia sempre consistiu num verdadeiro

ATO SEXUAL, isto é, numa agressão cujo propósito é a mais íntima das uniões. Acho interessante, neste momento, para melhor configurar o problema da Criação Poética, destacar umas linhas de *El arco y la lira* de Octavio Paz: "Um estilo artístico é algo vivo, uma contínua invenção dentro de certa direção. Nunca imposta de fora, nascida do impulso criador & das tendências profundas da sociedade, essa direção é até certo ponto imprevisível, como o é o crescimento dos ramos de uma árvore. Em troca, o estilo oficial é a negação da espontaneidade criadora, os grandes impérios tendem a uniformizar o rosto cambiante do homem & convertê-lo em uma máscara indefinidamente repetida. O poder imobiliza, fixa num só gesto grandioso, terrível ou teatral & finalmente, simplesmente monótono a variedade da vida. 'O Estado sou eu' é uma fórmula que significa a nadificação dos rostos humanos suplantados pelos traços pétreos de um eu abstrato que se converte, até o final dos tempos, num modelo de toda uma sociedade".

O objetivo de toda Poesia & de toda Obra de Arte foi sempre uma mensagem de Libertação Total dos Seres Humanos escravizados pelo masoquismo moral dos Preconceitos, dos Tabus, das Leis a serviço de uma classe dominante cuja obediência leva-nos preguiçosamente a conceber a Sociedade como uma Máquina que decide quem é normal & quem é anormal. Para a Sociedade Utilitarista do nosso tempo, a prova máxima de normalidade é a adaptação do indivíduo à família & à comunidade. Numa sociedade assim estruturada, todas as virtudes, digo Todas, estão a serviço do Princípio de Utilidade. Assim, entidades Policiais tipo Nazista como a RUDI ou a RUPA constituídas por criminosos fardados & civis têm o poder absoluto para decidir quem é útil & quem é inútil. Para os que ainda duvidam de que a nossa Sociedade é um Cárcere Criminoso, eu recomendaria que batessem um papo com qualquer adolescente egresso do RPM (Recolhimento Provisório de Menores). Desta maneira, os nossos Ociosos literatos que leem os terríveis relatórios das penitenciárias onde esteve Jean Genet teriam a imaginação suficiente para compreender que tudo que o genial Genet descreve nas inumeráveis prisões por onde passou acontece em termos mil vezes piores aqui no Brasil, São Paulo em 1964. Basta lembrar-nos que o Pau de Arara & o choque elétrico pertencem ao folclore da Gestapo brasileira. Enquanto isso, os representantes da poesia oficial & os engomados homens de negócios trocam entre si, numa reciprocidade suspeita, discursos & homenagens estourando de vaidade diante do aplauso de seus concidadãos. O que eu & meus amigos pretendemos é o divórcio absoluto da nova geração dos valores destes neomedievalistas. E a libertação de si mesmos do Superego da Sociedade. Isto é o que nos separa das filosofias autoritárias tais como elas aparecem nas têmperas conservadoras & militaristas. Fazemos uma afirmação de que os atos individuais de violência são sempre preferidos à violência coletiva do Estado. Por isso, em contraposição às passeatas da Família com Deus pela Castidade, & a toda manifestação deste fã-clube-de-Deus, nós oporemos a Liberdade Sexual Absoluta em suas mais extremadas variações levando em conta a solução do Marquês de Sade para quem a Justiça é a Santidade de Todas as Paixões. Sob o império ardente de vida do Princípio do Prazer, o homem, tal como na Grécia dionisíaca, deixará de ser artista para ser Obra de Arte.

ROBERTO PIVA
São Paulo, ago. 1964

OS QUE VIRAM A CARCAÇA

O MINOTAURO DOS MINUTOS

Os pontos cardeais dos nossos elementos são: a traição, a não compreensão da utilidade das vidraças, a violência montanha-russa do Totem, o rompimento com os labirintos e nervuras do penico estreito da Lógica, contra o vosso êxtase açucarado, vós como os cães sentis necessidade do infinito, nós o curto-circuito, a escuridão e o choque somos contra a mensagem lírica do Mimo, contra as lantejoulas pelos caracóis, contra a vagina pelo ânus, contra os espectros pelos fantasmas, contra as escadas pelas ferrovias, contra Eliot pelo Marquês de Sade, contra a polenta pelo ragu, nós estamos perfeitamente esquizofrênicos, paranoicamente cientes de que devemos nos afastar da Bandeira das Treze Listas cujos representantes são as bordadeiras de poesia que estão espalhadas por toda a cidade.

BULES, BÍLIS E BOLAS

Nós convidamos todos a se entregarem à dissolução e ao desregramento. A Vida não pode sucumbir no torniquete da Consciência. A Vida explode sempre no mais além. Abaixo as Faculdades e que triunfem os maconheiros. É preciso não ter medo de deixar irromper a nossa Alma Fecal. Metodistas, psicólogos, advogados, engenheiros, estudantes, patrões, operários, químicos, cientistas, contra vós deve estar o espírito da juventude. Abaixo a Segurança Pública, quem precisa disso?

Somos deliciosamente desorganizados e usualmente nos associamos com a Liberdade.

A MÁQUINA DE MATAR O TEMPO

Aqui nós investimos contra a alma imortal dos gabinetes. Procuramos amigos que não sejam sérios: os macumbeiros, os loucos confidentes, imperadores desterrados, freiras surdas, cafajestes com hemorroidas e todos que detestam os sonhos incolores da poesia das Arcadas.

Nós sabemos muito bem que a ternura de lacinhos é um luxo protozoário. Sede violentos como uma gastrite. Abaixo as borboletas douradas.

Olhai o cintilante conteúdo das latrinas.

A CATEDRAL DA DESORDEM

A nossa batalha foi iniciada por Nero e se inspira nas palavras moribundas: "Como são lindos os olhos deste idiota". Só a desordem nos une. Ceticamente, Barbaramente, Sexualmente. A nossa Catedral está impregnada do grande espetáculo do Desastre. Nós nos manifestamos contra a aurora pelo crepúsculo, contra a lambreta pela motocicleta, contra o licor pela maconha, contra o tênis pelo boxe, contra a radiopatrulha pela Dama das Camélias, contra Valéry por D. H. Lawrence, contra as cegonhas pelos gambás, contra o futuro pelo presente, contra o poço pela fossa, contra Eliot pelo Marquês de Sade, contra a bomba de gás dos funcionários públicos pelos chicletes dos eunucos e suas concubinas, contra Hegel por Antonin Artaud, contra o violão pela bateria, contra as responsabilidades pelas sensações, contra as trajetórias nos negócios pelas faces pálidas e visões noturnas, contra Mondrian por Di Chirico, contra a mecânica pelo Sonho, contra as libélulas pelos caranguejos, contra os ovos cartesianos pelo óleo de Rícino, contra o filho natural pelo bastardo, contra o governo por uma convenção de cozinheiros, contra os arcanjos pelos querubins homossexuais, contra a invasão de borboletas pela invasão de gafanhotos, contra a mente pelo corpo, contra o Jardim Europa pela Praça da República, contra o céu pela terra, contra Virgílio por Catulo, contra a lógica pela Magia, contra as magnólias pelos girassóis, contra o cordeiro pelo lobo, contra o regulamento pela Compulsão, contra os postes pelos luminosos, contra Cristo por Barrabás, contra os professores pelos pajés, contra o meio-dia pela meia-noite, contra a religião pelo sexo, contra Tchaikóvski por Carl Orff, contra tudo por Lautréamont.

Os que viram a carcaça
ROBERTO PIVA
São Paulo, mar. 1962

MALA NA MÃO
& ASAS PRETAS

D'une seule caresse
Je te fais briller de tout ton éclat.
PAUL ÉLUARD

La subversión poética
es subversión corporal.
OCTAVIO PAZ

a Sergio Cohn

ABRA OS OLHOS & DIGA AH!

Moi, j'ai toujour éprouvé
un caprice infâme pour la pâle
jeunesse des collèges, et les
enfants étiolés des manufactures.

LAUTRÉAMONT

VISÃO ANTROPOLÓGICA DO CANTO DA JANELA
PRISMADA EM GELEIA-CORAÇÃO NO VINHO
DE MARÇO (o mês mais terrível)
novos animais de rapina
OS OLHOS DO MEU AMANTE OS OLHOS DO MEU AMANTE
galáxias internas OLHOS LIBERDADE galáxias internas
no fundo cor-de-rosa do chocolate eu te respiro
nas tripas só com os mortos & seus travesseiros de
flores
nas tripas extravagantes meu amor atrás das
vitrinas
só com os mortos o universo é um espirro
no útero da maçã
tudo começa
a anoitecer
cheio de energia

eu sou o jet set do amor maldito
DENTRO DA NOITE & SUAS CÓLICAS ILUMINADAS
os papagaios da morte com Aristóteles na proa do trovão
DISPOSIÇÃO DE IR À DERIVA NOS DADOS DO AMOR
espinafre pela manhã & queijo em pasta
almas-esportivas com flores entre os dentes
minha laranja se abrindo como uma porta
TUA VOZ É ETERNA eu vejo a mão cinzenta rasgar
a parede do mundo
ESTAMOS DEFINITIVAMENTE NA VIDA

(A POLÍTICA DO CORPO EM FOGO DO CORPO EM CHAMAS
DO CORPO EM FOGO) APAGANDO A LUZ as trevas devoram
teu corpo em chamas tua boca aberta teu suicídio
de prazer na grama tuas mãos colhendo meu rosto
de folhas machucadas na escuridão teu gemido à sombra
das cuequinhas em flor
teus cabelos são solidamente negros

O ANJO NO BANHEIRO AMANDO A COMUNA DE PARIS
DEIXA-SE FOTOGRAFAR COMENDO UMA FRUTA-DO-CONDE
eu me preparo para estas cidades sem limites
o deserto & suas línguas trepidantes
marchas de samurais atentos nos pântanos
longe sem sair do lugar
(AMO TUA BOCA DEVASTADA POR FUMAÇAS DIABÓLICAS)
uma rosa na ponta dos olhos
uma rosa em tua boca errante
meus olhos fixos na fonte do paraíso

na savana os elefantes pirados de amor trombeteiam
UMA ÁGUIA CAI EM MEUS OLHOS & SUSPIRA
SONO & SONHO PALMA DA MÃO INCHADA
quero teu coração prontinho para zarpar
pétalas engasgam teus sonhos
anunciam uma tempestade & tombam na noite

(O SEXO DA MEIA-LUA LANÇA SUA NOTA METÁLICA & SEUS
GATOS SELVAGENS) onde dançamos com gorilas tântricos
cérebros eletrônicos fazendo xixi na cama vermelha
GRITOS MARAVILHOSOS NA JANELA política do esquecimento
sistemático ESTAMOS NA MERDA GENTIL
rosto de beterraba & sexos em ruínas
espelho bilíngue minhas esporas & olhos sorridentes
TODOS CHORAM AO MESMO TEMPO NO BRONZE DA TIRANIA
& COMEM SUAS MENINAS o vento da vida os braços
dependurados maxilares estourados ao amanhecer
TOTEM KAPITALISTA TOTEM KAPITALISTA TOTEM
KAPITALISTA

(O MUNDO MUDA A COR DA JABUTICABA MUDA TEU CU MUDA O CHAPÉU
DO VIZINHO MUDA TEU SEXO MUDA O ÍNDIO MUDA HÖLDERLIN MUDOU
HEGEL MUDOU TECNÓPOLIS MUDA & MUDAMOS CADA DIA MAIS PARA O
PORÃO DA VIDA COMO RIMBAUD ARTAUD MACUNAÍMA DINO CAMPANA)
o dragão
corre na corveta caraíba as coxas têm febre eu nem planta nem
fantasma o verdadeiro veneno MODESTA CRIATURA CIDADÃO DE UM
[MUNDO
EM CHAMAS eu faço esta advertência: A PERFEITA MÚSICA ESTÁ NO AÇO
canteiros folhudos cheios de silêncio
espaço cósmico samba-canção do nada

MAURÍCIO MAUMAU PASSARINHO MASCADOR DE PIRÃO & SUAS
[OGIVAS
DE GELEIA onde está tua poesia feita de sandálias batendo
nas bochechas da tarde? anjo tupiniquim correndo na
curva da praça molhada com sangue dos cometas
PELICANOS EXPLODINDO EM TEUS SONHOS & A MANHÃ EM
QUE LERÁS ISAAC DEUTSCHER COÇANDO O DEDÃO
teus minúsculos gestos
tua pamonha devorada no meio do mato
teus olhos de amianto dão gritos para o navio pirata
(com lenço na cabeça & punhal entre os dentes tua alma
DELIRA)

(MEU AMOR DORME & SE COÇA EM SONHOS SE DEBATE & GEME
SE DEBATE & GEME SE DEBATE & GEME)
antes do almoço sentaremos no para-lama de
um carro & falaremos de EMPÉDOCLES assim os pássaros
carregam suas verdades magníficas no centro do mundo ond
escutamos vozes de MOTORES HUMANOS
EU OUVI SUAS PALAVRAS QUE ARROMBARAM O UNIVERSO antes
da chuva carnívora
antes do transistor canibal

(A EPOPEIA DO AMOR COMEÇA NA CAMA COM OS LENÇÓIS
DESARRUMADOS FEITO UM CAMPO DE BATALHA)
é ali que eu começo a nascer para a madrugada & suas
vertigens onde você meu amor se enrosca em
meu coração paranoico de veludo verde & as delícias de continentes
alaranjados dormem em seu rosto de pérolas turvas oh tambores do
[amor
sem parar rumo às tempestades PLANETÁRIAS & suas
cachoeiras tristes & pesadas como lágrimas
gosto de gostar & a TV da alma amanhece bêbada & tenta
dizer alguma coisa

INTERMINÁVEL-EXTERMINÁVEL
(OUVINDO BARNEY KESSEL)

anjos com botas vermelhas
(dez aparições de leopardo na
janela do apartamento)
Mickey Mouse deve ser agente
da CIA
câncer-policial do mundo & seus velhos
Totens
durmam durmam como rocamboles mijados
Giorgio de Chirico & suas
paisagens feitas de sombras
garoto triste a orgia te espera
com cactos de veludo
antes que a noite se esborrache
eu quero ver tuas
coxas na
televisão estrelada
intestinos lunares sob a luz-neon
acariciando teus cabelos jabuticabas
encaracoladas

GANIMEDES 76

Teu sorriso
olhinhos como margaridas negras
meu amor navegando na tarde
batidas de pêssego refletindo em teus olhinhos de fuligem
cabelos ouriçados como um pequeno deus de um salão rococó
força de um corpo frágil como âncoras
gostei de você eu também
amanhã então às 7
amanhã às 7
tudo começa agora num ritual lento & cercados de gardênias de pano
Teu olhar maluco atravessa os relógios as fontes a tarde de São Paulo
          como um desejo espetacular tão dopado de coragem
marfim de teu sorriso *nascosto fra orizzonti perduti*
assim te quero: anjo ardente no abraço da Paisagem

AFETANDO PROFUNDAMENTE O EMOCIONAL
(ANTÍNOO, *RAGAZZO DI MARBRO*)

garoto pornógrafo
antes que a Lua chegue
esta feijoada será uma
batalha
Átila vence a grama do mundo
ADRIANUS CESAR *imperator*
caminhando na manhã romana com seus doze amantes
eu gostaria que você lesse Jacob Boehme
suas coxas se retesam
& você chora um pouc
venha, lamba minha mão &
se prepare para um milhão
de comas loucas loucas
antes que a Lua chegue
morda meu coração na esquina
& não me esqueça

ANTINOUS
(MOVIMENTO DE ÁRVORES)

são questões
terça-feira eu prefiro você bem
louco
minha palavra & nada que você acredita
poderá acontecer: ostras olhos injetados Hegel
durma com suas violetas do subúrbio
a cidade tosse como
um índio com febre
São Paulo acorda em suas coxas
docemente
banho quente com vapor
em espiral flocos de
samambaias eróticas
assim que você espreguiçar eu estarei
sangrando

QUANDO SEVERAS ANSIEDADES PREDOMINAM MAS A DEPRESSÃO É AFASTADA

(Batman Baudelaire)
(nossos movimentos, nossos sonhos analisados etc.)
onde procurar
o sangue que se
ALONGA pelo
solo
sssssspleesinergia
canhões lascivos
gemido
de
garoto
ferido
totens de madeira
evitando ângulos
&
efeitos
AMEMO-NOS

EQUINÓCIO DO OITAVO ANDAR CARBONIZADO

(PARA O POETA CLAUDIO WILLER
MEU AMIGO)

acontecimento das imagens loucas
corvo nas nuvens
caubóis na praça 14 Bis
ônibus recheado de literatos & corintianos
(antes do basalto & curvas perigosas
onde andava o *Pithecanthropus*
erectus?)
isto que nós sonhamos isto que o
mundo nos devolve uma
stravaganza sem a pele ensaboada
aqui vamos pelo trem-fantasma no
parque da amargura do amor
sem almas eletrificadas no
lago Kropótkin
você pede direito de asilo
você mergulha direto no front.

ABRA OS OLHOS & DIGA AH!

nos
cravos
und
vários meses
aborrecidos
&
suas imagens
SE PA RA DAS
carnaval
onde
EU sou o último
TODO
comido
máscara coaxando
nas legendas
(meu amor em sua
marcha CEGA)
dias e noites que se extinguem
em
silêncio
&
seus
pedaços arbitrários

TRANSFORMANDO O HORIZONTE

o espaço
em
teu braço
abre o passo
corta o traço
no canto da boca
olho & escuto
teu soluço
encantado
molhando
os cabelos
te espero na garoa
da praça

Je suis comme vous
un enfant.
PICABIA

Io vidi li occhi, dove Amor si mise
quando mi fece di sè pauroso.
GUIDO CAVALCANTI

COXAS
SEX FICTION & DELÍRIOS

Eliminarás a doença e o bário.
Restará o deleite dos homens
Porque foste o andrógino.

OSWALD DE ANDRADE

1. OS ESCORPIÕES DO SOL

O adolescente ajoelhou-se abriu a braguilha da calça de Pólen & começou a chupar.
Eram 4 horas da tarde do mês de junho & o sol batia no topo do Edifício Copan suas rajadas paulistanas onde Pólen & Luizinho foram fazer amor & tomar vinho.
O adolescente vestia uma camiseta preta com o desenho no peito de um punho fechado socialista, calças Lee desbotadas & calçava tênis branco com listras azuis. Você é minha putinha, disse Pólen. Isso, gritou Luizinho, gosto de ser chamado de putinha, puto, viado, bichinha, viadinho ah acho que vou gozar todo o esperma do Universo!
Neste instante um helicóptero do Citibank se aproximava pedindo pouso & os dois nem ligaram continuando com suas blasfêmias eróticas heroicas & assassinas.
O guarda que estava no helicóptero então mirou & abriu fogo. Luizinho ficou morto lá no topo do Edifício Copan com uma bala no coração.
Por onde é preciso começar?
Pólen não sabia, mas seu olho sabia, sua mão sabia, sua política cósmica sabia.
Hermafrodita morto no musgo mais alto. Suas baleias de ternura, suas tranças do mais puro ouro, suas sardas em torno do narizinho meio arrebitado & insolente.
Luizinho era uma sombra dentro do seu coração anarquista & rápido suas lágrimas quebraram o aço dos elevadores com seus guinchos de múmias eletrificadas ondas de reflexos

polaroide em frente à Igreja da Consolação rostos picados
nos escritórios & seus violinos enfadonhos, o amor
começaria por uma perda?
A atmosfera cor de azeitona era um alívio para o coração
metralhado pela dor construída ao crepúsculo doente em
cargas elétricas & surdas feitas de veludo & espinhas de
peixe um rodízio de aberrações crispou o rosto de Pólen
que agora tomou um ônibus & percorreu São Paulo num
suspiro rodando & rodando por aquela massa cinzenta do
capitalismo periférico sem escapatória & suas grandes asas
cobriam o Sol & seus escorpiões.
Enquanto isso os cinemas sofriam ataques contínuos de
office boys armados com estilingues & bolinhas de gude &
partilhavam da turbulência do Grande Terror com
máscaras feitas de folhas de bananeiras & bermudas
justíssimas onde se podiam ver magníficas coxas & lindos pés
descalços com tornozelos rodeados com florzinhas amarelas
& muitos traziam a palavra coma-me costurada na
bermuda na altura do cu.
Naquela tarde todo mundo estava com vontade de nadar
em sangue.
Anjos da verdade pensou Pólen em sua calma estranguladora
de babuínos agora devem começar as quermesses com leitões
coloridos purê de maçã & delicados tutus à mineira ostras de
Cananeia apimentadas servidas com retumbantes batidas
de Maracujá (a fruta da paixão) codorninhas recheadas com
uvas-passas & torresminhos com queijo ralado o verão bem
poderia chegar com seu perfume de acarajé invadindo os
colégios fazendo os adolescentes terem ereções & as garotas
desmaiarem de desejo com seus pequeninos seios latejantes.

agora

um anjo pousou

em seu ombro

& Pólen adormeceu.

Quando acordou alguém tinha deixado em suas mãos o livro *As Américas e a civilização* de Darcy Ribeiro & ele desceu do ônibus para sentar na praça Buenos Aires & ler. Abriu na página 503 & leu:

"Os Guerreiros do Apocalipse.

Uma vez implantadas as bases do Estado militarista na América do Norte, uma série de acontecimentos comoveu a opinião pública, os governantes, os militares, conduzindo toda a classe dirigente do país a crises sucessivas de apavoramento e histeria".

APAVORAMENTO Nº 1

dezoito garotos & dezoito garotas foram emparedados vivos
em caixas construídas com chicletes que só Adams fabrica &
tostados dentro de um porão de arsênico & cascavéis.

APAVORAMENTO Nº 2

quinze adolescentes de ambos os sexos foram chicoteados na bunda por batalhões da TFP que os insultavam enquanto trezentos rapazes & moças de seita imperialista Igreja Católica cortavam rodelas de cebola & colavam em seus olhos.

HISTERIA Nº 1

a confraria reacionária Unidos em Série promovedora de festivais de telenovelas nas fábricas jogou uma substância criadora de histeria CBK7 no reservatório de água de um colégio de freiras & as alunas peidaram 3 dias & 3 noites sem parar & depois se flagelaram & crucificaram.

HISTERIA Nº 2

setenta adolescentes fascistas do Colégio Objetivo criaram no laboratório de química (com auxílio de alguns professores) uma substância hipnótica cuja finalidade é levar a vítima ao arrependimento seguido de crises de misticismo histérico.
Essa substância foi testada no bairro operário da Mooca & durante 2 meses às 6 horas da tarde na avenida Paes de Barros os operários se reuniram para rezar.

Pólen costumava organizar sua vida às quintas-feiras mas estávamos numa quarta & sua loucura era da pesada sem distinção de raça credo ou cor & uivava pelas ruas com duas panteras pintadas em seu peito falando com os amigos sobre as poesias de Maquiavel, César Bórgia, Castruccio Castracani o herói das galáxias medievais no início da era burguesa dos chinelos & pincenê agora devidamente catalogada na Ruína Absoluta sem permeios kennedianos na mexerica & suas pompas fúnebres.
O trombadinha quis saber se Pólen acreditava no lúmpen.
O trombadinha tinha sido descabaçado por um esquimó bolsista da PUC. Pólen declamou doze poemas escritos contra a CIA. O trombadinha queria dar.
Pólen o comeu ali mesmo, depois de roubar sua camisa.
O trombadinha queria mais.
Pólen então chamou seu amigo economista sádico & classicista & fez ele comer o trombadinha que suspirava dizia palavrões inflamados pedia para ser cintado & chamado de Arlete & toda a imaginação delirante de Eros irrompeu no cérebro do economista que queria ver a vertigem de perto antes de se converter para sempre ao ateísmo militante soltando suas farpas contra a figura de Nonô o Curandeiro padroeiro do trombadinha.

2. OSSO & LIBERDADE

O Inferno de Dante é um paraíso. Esse era o slogan do clube fechado Osso & Liberdade cuja bandeira era um osso branco num campo negro.
Adolescentes vestidos de veludo negro & rosa sentados em almofadões também negros & de veludo escutavam seu chefe Lindo Olhar declamar as estrofes finais do Purgatório de Dante.
Eles eram especializados em Dante & Mário de Andrade. Para ser admitido no clube Osso & Liberdade o garoto deveria saber de cor 2 ou 3 capítulos de *Macunaíma*. Queriam a destruição maravilhosa do Caráter, como o entendia W. Reich. Esses adolescentes vindos da Penha, Vila Diva & Jardim Japão fundaram o clube Osso & Liberdade com a finalidade de divulgar Mário de Andrade, Dante & vícios requintados.
Lindo Olhar olhou para seu querido amigo Pólen & acariciou a cabeça morena de Coxas Ardentes sentado ao seu lado.
Coxas Ardentes queria saber se Virgílio no Inferno de Dante poderia ser interpretado como o símbolo da sabedoria humana. Um garoto mecânico chamado Rabo Louco com olhos negros faiscantes & agressivos disse que sim.
Vamos ouvir Villa-Lobos? perguntou Lindo Olhar dirigindo-se para o andar de cima do sobrado onde funcionava o clube. Todos o seguiram.

Pólen ficou no andar de baixo com a secretária do clube, uma garota chamada Onça Humana.
Onça Humana quis saber se Pólen conhecia um garoto meio pirado chamado Oscar Amsterdam que tinha vícios requintados & que gostava de ser comido por mulheres aparelhadas com falos de borracha & que gostava de se banquetear com carne de tatu assado no restaurante Sujinho aos sábados & colecionar amantes revisionistas para envenená-los (influência dos personagens de *O príncipe*) & jogá-los no rio Tietê depois de ter saciado feito uma Messalina adolescente seu apetite sexual louco & ter a caradura de ir jantar frango com polenta & declamar poemas de Lorenzo de Médici bebendo cerveja ou lendo algum artigo sobre a Iugoslávia ou trabalhando em algum manifesto de Política Cósmica batendo sua linda mão na mesa com manchas de vinho na toalha branca & coberta com alguns restos de salsa.
Pólen disse que sim.
Onça Humana agarrou Pólen & foram trepar atrás da cortina, porque Onça Humana gostava dos mocós dignos da sabedoria felina da Onça animal totem de muitas tribos de índios brasileiros & com eles ameaçada de desaparecer sem que ninguém fale nisso ou poucos falem nisso & Onça Humana queria que isso vivesse na mente permanente dos garotos do clube & eles gostavam de Onça Humana que os observava gulosa quando os via enrabarem-se mutuamente ouvindo a Nona Sinfonia ou Chico do Calabar ou Guerra-Peixe.
Onça Humana tinha lido *Thalassa: psychanalyse des origines de la vie sexuelle* do Dr. Ferenczi & achava que toda mulher devia querer se apropriar do sexo do homem engolindo-o com a vagina úmida simbolizando a grande

caverna feliz onde nadamos despreocupados. Os garotos do clube não transavam com Onça Humana.
Eles queriam reviver o ideal grego da Pólis. O Eros grego com seus cabelos cacheados & seus relâmpagos sexuais.
Transavam entre si, com Pólen & alguns convidados especiais.
No andar de cima Lindo Olhar estava sendo enrabado por Rabo Louco enquanto Coxas Ardentes sodomizava Lábios de Cereja. Lindo Olhar contorcia seu corpo imberbe & maravilhoso debaixo de Rabo Louco que o devorava.
Coxas Ardentes beijava Lábios de Cereja & o pedia em casamento.
No andar de baixo Pólen & Onça Humana viam um filme sobre sociedades secretas & se beijavam.
Lindo Olhar juntou-se aos dois & começou a lamentar seu grande amor perdido Mário que fora fuzilado por rebelião & destilou sua amargura com a cabeça no peito de Pólen que passava a mão em seus cabelos & Onça Humana chorou & Lindo Olhar queria que Mário renascesse na forma de um pássaro etrusco voando para fora do túmulo & acumulando ninhos amorosos na Lua ou num planeta solitário onde ele Lindo Olhar iria encontrá-lo & beijar suas mãos novamente & ser sua escrava enlouquecida & se vestir de cardeal adolescente renascentista & aparecer diante de uma imensa fogueira na praia com uma tanga de pele de leopardo enquanto as gaivotas botariam ovos de veludo nos rochedos do amor.
A sensibilidade de Pólen estava sem andaimes.

3. CHIANTI TENUTA DI MARSANO

La bocca e le parole
son l'arco e le saette che tu hai...
MAQUIAVEL, "CANZONE"

Quando alguém atravessa a floresta cai o pano do grande teatro as unhas viram fogo & começa a destruição em nome da Fruta da Paixão suave pele de maracujá gigante vagina amarela dentro do luar a pequena cotia geme no ninho o cardume de piranhas devora as margens do grande rio as sombras da noite de lua iniciam uma nova religião.
A Boiuna & o Dragão de Rosquinhas atravessaram o sistema nervoso transformado em geleia viscosa refeita & carregada de espuma Orgon deitando por terra o chefe da tribo das pequenas hordas. Tigrana preparava o ritual sangrento num altar onde ardiam dez archotes. Dez garotos da tribo seriam castrados em homenagem ao deus Tibério. Tigrana agarrou a tesoura sagrada & começou com um menino de olhos negros & profundos. Seus grãozinhos pularam fora & foram imediatamente devorados por Ferfax, o gato-do-mato que juntamente com a aranha Tarântula Mortis encomendaram uma grande bacia de cauim & se embebedaram.
Pântanos petrolíferos refletiam o olhar parado de Pólen & seus dois amigos:
Lindo Olhar & Onça Humana.
Lindo Olhar quer enlouquecer suavemente.
Onça Humana quer tomar vinho italiano & dançar samba.
Lindo Olhar diz que os vampiros serão mortos esta noite.

Um adolescente ruivo de olhos verdes chamado Entrega em Profundidade acha que viu um saci galopando um touro. Suas mãos tremem seus lábios idem. Bom dia boa noite lua doente de luz mortiça & inflamada de desespero solar onde passeiam tamanduás flutuantes sussurra Entrega em Profundidade. Coxas Ardentes rói uma azeitona & toma vinho do Porto. Rabo Louco acaricia os mamilos rosados de Entrega em Profundidade. Pólen folheia um tratado sobre esquizofrenia nas costas nuas de Lindo Olhar que se vira às vezes para beijá-lo longamente & mordiscar suas coxas & tomar um gole de Chianti & imitar um pequeno leopardo cheio de mel lambendo com doçura suas longas mãos de mármore brando.

O MANIFESTO DE LINDO OLHAR

Múmia vadia
Deixa a pirâmide pegar fogo & ouve o vento da noite onde
Anúbis domina
o Faraó morreu na orgia ao pôr do sol roxo de vinho
Múmia vadia
o amor atravessou seu caminho de ataduras enlouquecidas
colhe o frenesi na língua caótica dos deuses & pede
o abraço de Osíris deus da agricultura subdesenvolvida
Molha a alma no sangue da rebelião
volta a adorar os deuses semeadores de discórdias
Pólen carregou Lindo Olhar até o andar de cima colocou-o
sobre as almofadas de veludo negro & se beijaram até
amanhecer, quando o grande rio dilatou suas águas até o
fim do mundo & Lindo Olhar percebeu que o amor fazia
uma nova ronda em sua carne multiplicada onde as
guitarras da paixão deixaram marcas de dentes & pequenas
gotas de suor.

4. FESTIVAL DO ROCK DA NECESSIDADE

Flor obscena queimando os olhos das cobras com sua pasta
fosforescente, abre caminho até estes cabeludos fodidos da
vida com seus banjos de alucinação & a menina de olhos
cor de laranja canta um rock pesado faça de mim o
que você quiser que pede entre outras coisas que você
A DEIXE NUA BÊBADA NA ESTRADA DAS ILUSÕES SEM
as fronteiras entre acaso & necessidade.
Pólen comia uma maçã do amor em companhia de Lindo
Olhar que acompanhava o ritmo do rock com os dedos
batendo na pele do ornitorrinco.
As primeiras fogueiras foram acesas.
Pintou uma roda de samba-chinês-dodecafônico via Ezra
Pound & um mulatinho que tocava pandeiro se transformou
numa borboleta vermelha com perfumes raros.
Suas asas batiam contra o coração do mundo um navio
chamado Aurora foi recebido com 21 tiros de canhão
enquanto a garota de olhos cor de laranja gemia no
MICROFONE SUA BALADA SEU CORPO ERA MINHA
BÚSSOLA APONTANDO A DIREÇÃO
& assim pedia o amparo trágico de algum pirado cretino
chapado de encontro a um pinheiro com as mãos meladas
de vinho & fumo.
Os manifestos de Lindo Olhar se dirigiam aos cozinheiros
aos funileiros às manicures distraídas aos fabricantes de
formicida aos garotos no dia posterior ao descabaçamento
às rãs & às manifestações do poleiro.

Coxas Ardentes era seu porta-voz & secretário-geral do clube Osso & Liberdade.
Rabo Louco era especialista em blitzkrieg.
Lábios de Cereja organizava as sessões de orgasmo coletivo & crueldades cristalinas.
Entrega em Profundidade se encarregava dos debates & dúvidas metafísicas.

ANTROPOLÍTICA DE ENTREGA EM PROFUNDIDADE

1 — Transformar a praça da Sé em horta coletiva & pública
2 — Acelerar o processo de desinibição
3 — Provocar focos revolucionários na confraria reacionária
Unidos em Série
4 — Ouvir música tentando conceber o Universo Paralelo
5 — Pintar desenhos obscenos nas ruas
6 — Desmascarar os limites do mistério
Pólen amou Lindo Olhar debaixo de um ipê-roxo junto
à fogueira.
O Agente Cartesiano tentou ganhar Coxas Ardentes no papo.
O Agente Cartesiano queria um festival de paixões & sonhava
com manufaturas.
O Agente Cartesiano tremia ao ouvir palavras como: carga de
espinafre, gavião berolina, fundo da flor, polvo nômade, saci
prancheta, colarinho de gorila, nascido no mato, ovo de turco.
O Agente Cartesiano foi morto por Coxas Ardentes no
melhor estilo renascentista com anel de veneno & tudo.

A AGULHA DE TRICÔ CARISMÁTICA

(rock-balada: letra & música
de Coxas Ardentes)
pele de foca Nabucodicanduras
ganhou uma lebre ao amanhecer
gelou suas patinhas na crista da onda
espetou seu coração no punhal
do engraxate
agora a costela escoteira corre a língua
na bunda adormecida
o punhal é anfíbio
Coxas Ardentes tomou um gole de kirsch & seus olhos
arderam em lágrimas pensando no hambúrguer com bacon
por comer & seus amores passados & a solidão presente em
marcha agônica de Wagner urso do salão nietzschiano
propiciador de omeletes de queijo com vinho verde &
batucadas porno-sambas de Luiz II da Baviera & Peter Gast
tocando Zequinha de Abreu ao piano enquanto Cosima Wagner
fritava salsichões vienenses para o grupo de filólogos &
Nietzsche sonhava com o corpo de salamandra eslava de
Lou Andreas-Salomé onde acendeu seu fogo dionisíaco &
pitagórico para além do horizonte de palavras mortais de
Coxas Ardentes que só terá descanso quando estiver nos
braços do Andrógino Antropocósmico.

5. O ANDRÓGINO ANTROPOCÓSMICO

À l'androgyne primordial,
surtout à l'androgyne sphèrique
décrit par Platon,
correspondent, sur le plan
cosmique, l'Oeuf cosmogonique
ou le Géant anthropocosmique
primordial.
MIRCEA ELIADE,
MÉPHISTOPHÉLÈS ET L'ANDROGYNE

escreverei um tratado sobre o amor & o ódio
escreverei um porno-samba na montanha mágica
escreverei minha gula em Coxas Ardentes
esta geleia de garças esta luva de pele de lontra esta curva de tuas ancas
olhas em minha direção & o cachalote do desespero morde tua alma.
Agarrado nas palhoças o inverno bate os dentes das favelas onde o garoto vomitando fezes cai com olhos revirados perto dos ninhos fedorentos da Usura & pare um ser mortal de olhos lilases como as figuras de Modigliani enquanto a chuva se dirige para os limites da Cidade.
O Andrógino Antropocósmico era como um menino na beira de um lago. Atira pedra faz xixi & pede peixinho.
Ele atravessa as florestas durante a noite & ronda as cidades brasileiras fazendo os adolescentes se contorcer em seus morenos travesseiros.
Eu gostaria de fazer a História disse Coxas Ardentes a Pólen que mascava uma perna de centopeia.

Você ama o êxtase que conduz à luz transparente submarina
como a alma de um condor na floresta sacrílega aqui &
agora perderemos a cabeça eu gostaria de assassinar o
Andrógino Antropocósmico sem pestanejar & você casaria
comigo então, Pólen?
Coxas Ardentes era implacável.
Coxas Ardentes era uma rajada de metranca erótica.
Coxas Ardentes sabia onde se deve acariciar & como
dormir juntos.
Momento algum você terá
            o momento
eu alimento os deuses
            com pedras & queijadinhas
antes de mim o dilúvio
            depois de mim a vidraça & a pedra-pomes
            você mordisca meu
            pescoço exposto
            no mato espesso
você me ama neste
            chão agreste
antes & depois dos clubes
            fechados onde Hegel entrou
farejou plantou & saiu
            com novos cometas
            dementes & fluídicos
            o leitor é um
              puto
            o leitor quer dar
              & tem medo
            o leitor é um hipócrita
              irmão de Baudelaire

6. BAR CAZZO D'ORO

... la physionomie n'est q'un
assemblage de traits auxquels
nous avons lié des idées...
CONDILLAC

O adolescente estava sentado na mesinha com a maçã encravada no meio. *De l'assassinat considéré comme une des beaux-arts.*

Navios atravessavam sua cabeça-aquarius cabelos negros até os ombros sete braceletes em forma de nuvem no antebraço de marfim.

O relógio que bate as paixões delira.

Logos & Práxis. O adolescente sabe que os anjos estão mortos. Suas coxas latejam de tesão & calma. Girassol louco da manhã no Bar Cazzo D'Oro onde pequenas gotas de chuva servem de mundo ao outono enquanto a cidade desperta seus pardais bêbados de coca-cola cidade de São Paulo 77 um rio coaxando na memória gasolina linear & pedregosa no coração de 200 watts à deriva sem bacantes nas escadas cimentadas de dor & ódio fuligem mística dobrando os joelhos nos telhados onde brincam garotos gulosos de pão com manteiga seus carrinhos de rolimã de sonho mais iconoclasta uma dose excessiva de lindos pés púberes com dedõezinhos encardidos. Ganimedes Antinous mais velozes que o sal do prazer crescendo na bolha do orgasmo mais fundo meus olhos dançam como serpentes fascinadas trovões anunciam uma chuva outonal sempre propiciadora de um suave Paul Desmond com seu sax alto floreando em staccato meu apartamento com amantes folheando alguns álbuns de

Hieronymus Bosch & Paolo Uccello entre as almofadas de celebração paradisíaca mon petit moreno amante da penumbra olhos de onça consagrada corpo de caju sumarento escorrendo seu suco de verão Noite do Panamá eclipse dos anéis de Saturno na colcha mexicana momento do resgate força escorrida entre as coxas & sua boca cor de pitanga rosto onde um deus fez o ninho.

7. SBORNIA FILAMENTOSA

Moi, ma route me suit. Sans doute
Elle me suivra n'importe où.
TRISTAN CORBIÈRE

Imenso trabalho nos custa a flor
CARLOS DRUMMOND DE ANDRADE

O pitecantropo as cidades gregas as doces cobaias requentadas & comidas nas favelas o divã da histeria relembrando sonhos tribais fuxico do chefe sandálias desafiveladas na casa das máquinas o prédio é de Maria--Mole onde roncam cascavéis humanas minha mão é deus passo decisivo para *el tránsito del mono al hombre* miniatura da linguagem ruborizada Macunaíma-Pop aventais de luxo balançam nos varais de Cobra Norato *Panis angelicus* você sabia que Simão o Caolho vem para jantar? por que não o bispo de Berlim? a cicuta é grátis o corvo nada entende de política o jaburu come picadinho & tira a bengala do ar igapós sonham com coalhada a menina ficou atrapalhada na casa das máquinas tenebroso impeachment do caos Engels de turbante & *su Dialéctica de la Naturaleza* (que Pólen leu chapado nas montanhas de Atibaia) cantando um agente da CIA de chuteiras cidades de metal precário um quimono para o Príncipe das Trevas dos ovos saltaram duas anãs obscenas que acenaram lenços alaranjados & partiram para sempre em direção à curva de nível. Deus é quimbandeiro.

8. QUEM GIRA?

Um em miliumanoites?
Toda minha vida entre eles,
mas agora náusea.
JAMES JOYCE

O vermelho da tua boca
selou sua entrada em trevas.
GEORG TRAKL

Lemuriano antropocentrado na palma onde o mar engole a ilha surdez rolada contra o clamor do sabiá merda geral para quem não explorou nada a loucura a dois passos da morte mais dócil a seu gênio onde você está & suas asas de fogo tirânico fede sua morte nos goles da represa em fome universal & simples fomentando o inferno corintiano de suas coxas brancas no futebol de várzea onde andam os nenúfares de outrora? musgo difteria lagartos repousando paleoliticamente a cabeça nos caroços, manadas de relâmpagos na taça mais alta seus olhos choram orquídeas carcarás & cochilos mastigando o galeto na brasa do crepúsculo entre as novas constelações assobiando nos jardins Pólen deitava seu corpo num único sono com Lindo Olhar samambaias protegiam esse doce par de deuses egípcios, bumerangues lançados ao luar, na barca acesa no porto de tartarugas elétricas chove caubóis na América Latina, dinossauros voltam para suas minas de estanho florações de amêndoas nos braços de Lindo Olhar que geme baixinho & abre as pernas naquela escuridão telepática rastros de icebergs malucos suculentos & femininos corações embalados cidade profetizada longe em seus mananciais de chocolate & talco. Acorda pássaro cego amaldiçoado em espécie dores do imenso parto levado até o fim da noite corpos fugindo toda a fadiga do mundo em seus lençóis de sonho os cabelos longos das algas tudo acontecendo ali pertinho: os nomes desconhecidos a elipse o azul da garganta.

9. NORTE/SUL

A caravana ladra & os cães passam
você mija na boca aberta da bicha
os anjos quebraram suas coxas no muro do hotel todo
    vermelho de susto
o leitão blindado dança no zigue-zague de Hieronymus Bosch
    seu tango de petúnias
o botão de controle da Sala das Torturas
    no porão do hospital é um olho parado amarelo
vozes cachos de tâmaras tafetás rasgados de onde salta a noite
gritos de garotos de botas & biquínis
    sendo flagelados por vinte putas alucinadas de cocaína
corredores apinhados de gerentes de banco
    dando o cu para druidas com os paus embrulhados em
    celofane
peidos sintonizados de vinte mil pombas no telhado
    La terra trema
    galáxias alvejadas derramando seu suco sobre nossas
    cabeças
Hitler sacudindo seu pau mole para os Capitães de Areia
locomotivas nas planícies bêbadas de vinho
ilhas magnéticas rolando pelos mares
    com seus pássaros exóticos tocando banjo & flauta doce
o garoto sofreu o ataque da ave de rapina chamada Zeus &
    seus testículos hipnotizaram a luz do sol vedando a
    adoração da luz para os patriotas do porno-samba & suas
    matracas tatuadas

La terra trema
a toca do coelho paranoico & sua Baviera de folhas verdes
ronronando até o ponto máximo da febre amarela
Muchachos ragazzi garçons boys garotos com vaselinas-antenas
duplas mãos na escadaria da pensão Coração Adormecido pés
descalços pisam bocas entreabertas dos irmãos
transbiológicos
travesseiros recheados de penas pornográficas
voo rasante da última senzala iluminada gargalhando de
esplendor

10. ANTÍNOO & ADRIANO

L'énigme du labyrinthe est
celle-ci: comment descendre
jusqu'à Dionysos sans perdre
la connaissance du chemin?
A. KREMER-MARIETTI,
L'HOMME ET SES LABYRINTHES

The rain outside was cold in
Hadrian's soul.
FERNANDO PESSOA, "ANTINOUS"

Esta é a zona batida pelos afogados
Esta é a velocidade máxima de quem submerge
aqui as romãs romanas não crescerão mais
& duas águias de névoa orvalhando sandálias
adolescentes na grama de primavera escrevem
a palavra *remember*
o doce Antínoo com seu arco carregando
corações maduros na aljava na fenda-essência
da história
os semáforos do tempo acendem seu sinal
verde por cima de sua
longa cabeleira
este doce garoto
partiu o coração do imperador
o Império adorando um deus adolescente afogado no Nilo
sem esperar a Manhã egípcia chegar
Adriano chorou o resto de sua

vida na *villa* ao sul de Roma
as paredes rachavam pelas tardes
deixando entrar as lembranças
houve um tempo nas montanhas da
Bitínia quando as caçadas se prolongavam
até a hora do amor
o vinho Falerno aderindo aos estômagos
vazios enquanto os olhares se
cruzavam sobre o javali assado rodeado
de frutas
este amor construiu seu império na
memória & as escamas de
meu cérebro caem ao contato de
seus dedos
os poetas latinos ouviram provaram
entenderam este tesouro afundado
nas tripas do tempo
resta o vento de verão nos caminhos
onde eles andaram

11. BICHO-PREGUIÇA

flores calvas
    calmas
colunas de fumaça
    dançando
        na Lua nua
seus beijos dançam
        em minha boca vermelha
estrelas azuis folhas calcinadas
        o parque é um sonho vegetal & seus olhos zumbem
vocês atravessam a ponte do delírio
    Bem-te-vi bebendo o orvalho
        na palmeira
correrias de crianças criando o caos
        colorido
    o parque espreguiça
onde você estiver esta tarde de janeiro 77
gostaria de receber seu coração por Via Aérea
com todas as pérolas do amor com mãos dadas
    percorrendo as ruas à procura do Rumo
andaimes partidos na alma amassada na
    mesma hora hora
tudo feito sob medida de um terremoto
seus dentes brilham na noite
a boca cheia de mostarda todo mundo quer participar do
Dolce Stil Nuovo assim chamado por aparentar um altiplano
no centro imaculado dos fios de ovos & suas grutas de

cerejas cristalizadas bem no final da avenida Paulista num barzinho onde se reúne um pessoal bem-disposto escrevendo poemas como flechas incendiadas incrível sexo lambuzado com flores & sua nota trágica & perfeita entre os alambrados de carne crua bem no alto da serra da Mantiqueira os nomes conjurados em conjunto: boi Ápis reserva de quatis definhados em Paris & Babilônia fonte de Nova York descendo a crista da onda lulus mecanizados de Istambul fundo da fruta-pão no cacau exterior onde iremos parar nesta selva de silhuetas obscuras? Acelerando seu fim pela tempestade sexto rosto desaparecido no cinema mental de King Kong cheio de excrementos de Valquírias onde ancorar seu triângulo amoroso mais prateado do que todos nós?

A VIDA ME CARREGA NO AR
COMO UM GIGANTESCO ABUTRE

A verdade dos deuses
carnais como nós & lânguidos
não provém do nada
mas do desejo trovejante do coração
    partido pelo amor
em sua disparada pelo rosto de um
    adolescente
com sua fúria delicada
cruzo avenidas insones & corroídas
    de chuva
minha mão alcança minha dor
presente
& me preparo para um dia duro
    amargo & pegajoso
a tarde desaba seu azul sobre
    os telhados do mundo
você não veio ao nosso encontro & eu
    morro um pouco & me encontro só
    numa cidade de muros
você talvez não saiba do ritual
    do amor como uma fonte
    a água que corre não correrá
        jamais a mesma até o poente
minha dor é um anjo ferido
    de morte
você é um pequeno deus verde

& rigoroso
horários de morte cidades cemitérios
a morte é a ordem do dia
a noite vem raptar o que
sobra de um soluço

PORNO-SAMBA PARA O MARQUÊS DE SADE

esta homenagem coincide com a deterioração do Gulag
sul-americano minado pela crise de corações & balangandãs
econômicos onde se mata de tédio o poeta & de fome o
camponês & sobre os pés femininos se calça a bota de
chumbo de várias cores gamadas com Hitleres de plantão em
cada esquina recoberta de saúvas & amores escancarados
como túmulos onde tuas coxas, Marquês, servem de amparo
delicado para o garoto que chupa teu pau enquanto uma
mulher ruiva te cavalga Assim, anotemos o nome da
vítima-orgasmo-blasfêmia antes que as araras entrem na
orgia com seus estimulantes bicos recurvos & um
estratagema de cipós afague os sóis da desolação
cotidiana em nível de Paraíso A noite é nossa Cidadão
Marquês, com esporas de gelatina pastéis de esperma &
vinhos raros onde saberemos localizar o tremor a sarabanda
de cometas o suspiro da carne.

20 POEMAS COM BRÓCOLI

... ce qui t'est demandé est la
pureté de l'enfer — ou, si tu
aimes mieux, de l'enfant...
GEORGES BATAILLE, *L'ALLELUIAH*

I

última locomotiva. gregos de Homero
sonhando dentro do chapéu de palha.
últimas vozes antes dos lábios &
dos cabelos. sonoterapia voraz.
você adora as folhas que caem
no lago escuro
este é o banquete do poeta
sempre
querendo
penetrar
no caroço
da verdade.
nariz do garoto negro apontando para
a praça apinhada de tucanos sambistas.
você tranca o planeta.

II

Baudelaire sangrou na ponte negra do Sena.
molécula procurando a brecha do
universo & suas trezentas flores.
assim é a lucidez
o swing das *Fleurs du Mal*.
completa tortura roendo a
realidade
&
l'immense gouffre.
todas as paixões / convulsões no
espelho. Baudelaire & *ses fatigues*
rumo à pálida estrela.

III

a escavadora de corações. vento vindo do Jaraguá
cortando a cidade em dois pedaços.
bolso tilintando de nozes. os poemas-leopardo
deslizando entre tuas coxas.
telefone mudo da voz estrangulada
no décimo degrau. grau zero da
escritura. esta mensagem / esta braçada
de cravos.

(escrito depois de
reouvir "Charles Anjo 45"
de Jorge Ben)

IV

diamante do teu cérebro. entre a vida & a
morte. áspero clorofórmio / tripas mais
doidas que escorpiões. parede azul-clara.
degraus do teu beijo na escuridão
da avenida. membranas.
mão esquerda.
veloz. veloz. veloz.
aviões apitando. olho dando início
a alguma coisa.

V

roleta de vertigens. orvalho imigrante.
mariscos suspirando na paella.
carcarás dormindo na tua alma.
as lágrimas rosnam.
jardins com pitangueiras.
um bilhão de meteoros em férias
& você põe fogo no bar.
maneira brejeira de agradecer
o misto-quente.
(lição de
amor para serpentes)

VI

o cacique tomava chá com seu corpo pintado.
o pajé dançava com a casca do
gambá.
você brincava com meu caralho.
Macunaíma & Alice no país da
Cobra Grande.
mesma estrutura narra-ação &
barroco elétrico pinçando
estilhaços de visões.
palmeiras de cobre.
meu cu como bandeira
do navio pirata.
a Lua começa a cantar.

("*éruptions de joie,*
Qui font rire le Ciel,
muet et ténébreux")
BAUDELAIRE

VII

mestre Murilo Mendes tua poesia são
os sapatos de abóboras que eu calço
nestes dias de verão.
negócio de bruxas.
o sol caía na marmita do
adolescente da lavanderia.
você veria isso com
seu olhar silvestre.
um murro bem dado no vitral
que eu mais adoro.

("Eis a hora propiciatória, augusta,
A hora de alimentar fantasmas")
MURILO MENDES

VIII

a tarde que passa escorrega. jazz & o
brilho das árvores.
o deus Pã de Brecheret &
chuva fina no bicho-preguiça.
creme das bicicletas em flor.
constelação qualquer deitada
na cama do universo.
jenipapo prata do sonho.
você carrega a paisagem.
(as mandíbulas do
mundo no dia do
violador)

IX

corra como se você fosse o ÚNICO de
Max Stirner.
Sem Deus Nem Senhor.
rubi dos muros cobertos
de musgo & caranguejos.
nenhuma luz. a esquina sangra.
múmia surda em chamas ladeira
abaixo.
o mundo virou do avesso.
(dedicado a todos
os garotos
rebeldes & depravados)

x

o Amazonas espera para transbordar.
essa tragédia vai ser uma beleza.
braseiro
& seu roteiro na rua.
você quer se fechar no quarto
onde eu estou.
a noite ergue a cabeça.
coração de cristal / o vulcão se ilumina.
astro berrando em seu ombro.
corpo rolando neste clima de
lagarto.
o amor é uma ponte de
brinquedo.
ele dança no pescoço da manhã
à noite.

XI

só dois monstros na trincheira.
garotos-filósofos de Platão carregam
buquês dos invernos que agonizam.
a cidade ficou louca.
a lua aparece & some na minha mão.
quero ver você sangrar no skate das
ilusões perdidas.
bem na curva do horizonte onde
os demônios fazem
ninhos.

(“*et sa voix sur un luth, voluptueux accents,*
lui soupire en chanson la langue des Persans”)
ANDRÉ CHÉNIER

XII

ci riguardava come suol da sera
guardare uno altro sotto nuova luna
DANTE, *INFERNO*, CANTO XV, "I SODOMITI"

adolescentes violetas na porta do cinema.
Bar Jeca esquina da São João/
Ipiranga.
revoada de revoltados. maravilhosos. jamais capitular.
pijamas, família, TV doméstica: a
ordem Kareta se representa
a si mesma.
corpo doce-delicado-quente na manhã alaranjada.
o planeta entra na órbita do
coração.

XIII

os expressionistas alemães têm poemas que abrem
brechas na realidade.
Georg Trakl & Gottfried Benn.
o veludo do cérebro + anjos vermelhos com
indicadores enterrados nos corações.
a desordem tem um belo lugar em
suas vidas.
barracudas.

XIV

para o Carlinhos

vou moer teu cérebro. vou retalhar tuas
coxas imberbes & brancas.
vou dilapidar a riqueza de tua
adolescência. vou queimar teus
olhos com ferro em brasa.
vou incinerar teu coração de carne &
de tuas cinzas vou fabricar a
substância enlouquecida das
cartas de amor.
(música de
Bach ao fundo)

XV

a cidade com sol vista do alto de um terraço.
luz sombra cor & estranhas vertigens.
cabeças decepadas.
últimos centauros trotando nos parques.
últimos amores nas tocas antes da noite.

XVI

abandonar tudo. conhecer praias. amores novos.
poesia em cascatas floridas com aranhas
azuladas nas samambaias.
todo trabalhador é escravo. toda autoridade
é cômica. fazer da anarquia um
método & modo de vida. estradas.
bocas perfumadas. cervejas tomadas
nos acampamentos. Sonhar Alto.

XVII

quero dividir com você a ventania a morte
& as flores do pessegueiro.
sinistras aves de rapina.
fontes de mel. pequena cidade do
interior donde você brota como
Amor-Perfeito.
imensa & delicada adolescência.
tambores dos quintais & do riacho
nas asas dos anjos da Memória.

XVIII

saunas & supermercados. garoto nevado.
caminhões de banana levantando poeira
na rua sem calçamento.
dois cus & um Mandrake.
pimentões & cebolas na entrada da
quitanda.
deuses pagãos galopando
ditirambos.

XIX

o garoto engole a flor. mistura de
serpentes. seus olhos acendem
miosótis na dissipada
ternura do neon.
dançarei no musgo do teu coração
onde as estrelas do
amor caem feito
ducha.

XX

vocês estão cegos graças ao temor
olhares mortos sugando-me o sangue
não serei vossa sobremesa nesta curta
temporada no inferno
eu quero que seus rostos cantem
eu quero que seus corações explodam em
línguas de fogo
meu silêncio é um galope de búfalos
meu amor cometa nômade de
riso indomável
façam seus orifícios cantarem o hino
à estrela da manhã
torres & cabanas onde foi flechado o
arco-íris
eu abandonei o passado a esperança
a memória o vazio da década de 1970
sou um navio lançado ao
alto-mar das futuras
combinações

POSFÁCIO

"O poeta faz-se vidente mediante um longo, imenso e sistemático desregramento de todos os sentidos." Assim Rimbaud definia a passagem da Poesia para a Vidência. Tendo essa afirmação em mente, o leitor deve entrar neste livro para percorrer as veredas do Sonho & da Paixão através das quais cheguei a reunir estes estilhaços de visões.

O poeta, é Rimbaud ainda quem fala, definirá a quantidade de desconhecido que na sua época desperta na alma universal...

Este livro foi escrito repensando os amores presentes & passados & onde São Paulo como uma Sereia de Neon & Mistério contribui também com sua canção cotidiana.

Repensei também os três anos de 1959 a 1961, quando participei do curso sobre a *Divina comédia* dado pelo saudoso professor Edoardo Bizzarri no Instituto Cultural Ítalo-Brasileiro. Durante os três anos de duração do curso, lemos, comentamos & discutimos os três livros de Dante (Inferno, Purgatório & Paraíso) que compõem essa Suma Poética que é a *Divina comédia*, no que ela tem de loucura, iluminação, beleza & linguagem cinematográfica em plena Idade Média.

Foi repensando Dante Alighieri & relendo o Inferno & o Paraíso (na magnífica edição ilustrada que me foi presenteada pelo escultor italiano Elvio Becheroni) que surgiram, numa síntese caligráfica & na eletricidade de uma manhã paulista de 1979, esses *20 poemas com brócoli*.

Foi frequentando uma sauna do subúrbio que inventei o molho propiciatório para este casamento do Céu & do Inferno.

As pequenas estufas de vapor para duas pessoas nessa sauna me deram a imagem paradisíaca das *bòlgia* onde os danados de Dante sonham eternamente. Mas os garotos do subúrbio são anjos...

Marinetti, Reverdy & o jazz têm também muito a ver com este livro no que diz respeito ao Ritmo.

No mais, os leitores que fizeram uma boa síntese entre Poesia & Vida terão grande oportunidade de se descobrirem nesses flashes.

A loucura está nas estrelinhas deste subterrâneo & a poesia age às vezes como montanha-russa:

salimmo su, el primo e io secondo,
tanto ch'i' vidi delle cose belle
che porta'l ciel, per un pertugio tondo;
e quindi uscimmo a riveder stelle.
DANTE, *INFERNO*, CANTO XXXIV, VERSOS 136-9

ROBERTO PIVA
São Paulo, 31 dez. 1980

QUIZUMBA

Quizumba. *Bras. Pop.* Conflito em que se envolvem numerosas pessoas. [Sin. (nesta acepç.) quase todos eles bras. e pop.: arruaça, confusão, embrulhada, desordem, banzé, rixa, água-suja, alteração, angu, angu de caroço, arranca-rabo, arregaço, arrelia, bagaço, banzé de cuia, banzeiro, bruega, chinfrim, coisa-feita, cu de boi, esparramo, esporro, estalada, estripulia, estrago, estrupício, fecha, fecha-fecha, forrobodó, furdúncio, fuzuê, pega, pega-pega, quebra-quebra, salseiro, sarapatel, sarrabulho, surumbamba, tempo-quente, aperta-chico, arranca-toco, baderna, bafafá, bafa, banguelê, berzabum, destranque, fandango, frevo, fubá, gangolina, grude, pampeiro, perequê, perereco, pipoco, porqueira, quebra-rabicho, safarrascada, sangangu, sururu, trança, trovoada, turundundum, rififi.]

O ar estava duro, gordo, oleoso:
a negra dentro da madorna;
e dentro da madorna — bruxas desenterradas.
No chão uma urupema com os cabelos da moça.
Foi então que Exu comeu tarubá
e meteu a figa na mixira de peixe-boi.
[...]
Eis aí três cirurgiões cosendo retrós,
a bela adormecida no século vindouro
que esquecerá por certo a magia
contra tudo que não for loucura
ou poesia.
JORGE DE LIMA

... e sotto l'imagini sensibili e cose materiali
va comprendendo divini ordini e consegli.
GIORDANO BRUNO, *DE GLI EROICI FURORI*

De repente, com um catrapuz de sinal, ou
momenteiro com o silêncio das astúcias, ele
podia se surgir para mim. Feito o Bode-Preto?
O Morcegão? O Xu? E de um lugar — tão longe e
perto de mim, das reformas do Inferno — ele
já devia de estar me vigiando, o cão que
me fareja.
GUIMARÃES ROSA, *GRANDE SERTÃO: VEREDAS*

1. CHOVIA NA MERDA DO TEU CORAÇÃO

antenas de TV lambuzadas de veneno / caminhões despencando dos eucaliptos / doze picadas de sal de anfeta na manhã embolorada da alma / você assava pulmão de abutre / partia pra Pensão Estrada / eu vi a amora gotejante do Sol depois do primeiro Purple Haze / fazia calor na Cantareira / garotas apodreciam / guinchos dentro do mato anunciavam Alguma Coisa / Hendrix & movimento submarino / Algas / flores no Cio de Metal / Gulash & Cristais / garotos na Rural Wyllis tocando bongô pra Lua / olho-laser estocando minhas células cervicais / flores canoras nos canteiros de borrachudos / total motores / eixo desmanchado em partículas de poeira pulverizadas em Sonho / Morte do pêssego pródigo / só nós dois no coração da canção / desenhos animados em câmara lenta no cartaz do ônibus / punhais das sessões Zig-Zags / festa pagã do troca-troca religião da infância / Hotel na plataforma espacial do largo Paissandu / plantando quiabo nos jardins da praça Clóvis / misturando as mídias / Plátanos via satélite com folhas de amianto / Coaxando na TV programa Antunes Filho em 63 / Ode Marítima em ritmo de Spansule / Jorge de Lima no Vulcão-Memória / bombordo do Bateau Ivre / Kelene Geral congelado na alquimia / Carnaval de Genghis Khan / vinho branco / hora da lasanha com perfume / Wesley inventando o bicho que quebrou o pescoço / nos quintais tudo bem do Planeta / vou por aí no chão de estrelas onde a borboleta caga assassinato nuclear / Foi assim o fim sem fim do Serafim Ponte Grande? / sem maiores / pra lá de Bagdá & da quadra de basquete / no azul daquela serra onde nasceu Iracema & Oswald Spengler / decadência do tango argentino visto na televisão ocidental / ócio & tal / Cobra Norato graças a deus era tarado / esporte do fim do mundo / Cruz Credo como diria Pedro II/ Você ia à deriva no rio do meu amor cabeludo / mostrando as coxas na estação como um garoto canalha / baganas aos sóis das constelações / nos meus braços você foi deus & puta.

2. ALGUMA COISA EM SATURNO QUE NÃO CONHEÇO

Filippo Tommaso Marinetti era uma rã no aeroplano / todo de alumínio Zung Tumb / minha morte gula do céu azul / meu amor buldogue de pólvora / garoa de moedas / matinês no corpo do garoto nu / Punktorrada / meu massacre preferido / rosas-chá da belle époque / pra ter visões bastava ligar teu cu na tomada / bacio del fanciullo elétrico / Jorginho Jane Birkin / 16 anos & 3 de crime / tártaros na pradaria / anarquistas de Bonnot esperando a Guilhotina / Mailove / Wittgenstein coberto de pétalas radioativas / trilhões de sabonetes de tocaia / cabelos cacheados do Exu Erva-Doce / anjos de pipoca / eu peneirava tudo: da estrela-do-mar até a língua do panamenho / coração de Urânio Puro / só na moita / veleiro tecnicolor sob os ventos da Paixão / cultivando rosas na tua boca / Verbenas.

3. VÊNUS 9

Conversa com Mautner & Jacobina no Ponto Chic / Maracatu que Gil gravou com voz de crioulo de Quilombo / tradição Villa-Lobos dança do índio branco / formidável veneno de pantera / o cometa toma Crush / Califórnia Sunshine de novo atrás da igreja / guerrilheiro de emoções / Augusto dos Anjos / San Juan de la Cruz figuras de alta voltagem do espírito + Bloody Mary matinal / queria estar no Rio no Espírito Santo queria comer empadinha na onda preferida de Iemanjá / Dante afinou o piano ocidental no buraco ameno do purgatório / figuras suaves figuras mortas figuras suaves / Claudio Willer olhando a Lua através do córtex de sua amante / ministro do interior? / vidros em procissão no presépio da história / este espelho ampliou Napoleão / lente polida por Espinosa / calpestato dagli Ebrei / no mínimo o bater de asas do anjo da história ouvido pelo conde Von Krosigk / moquecas de malefícios / na boca torta da tarde / lagartos perdem o fôlego / as horas espiam.

4. ARDOR DA ÁGUA

Papo com Julio Bressane & Jairo Ferreira no Cachação / Lésbicas discutindo semiótica / saídas de um filme de Bressane / saídas de um poema de Roberto Piva / o arco-íris toma jeito / estilo Farinata no Inferno / Carma da pesada & fuorilegge / caipirinha B-52 / noite de cobalto / espectro radioativo dos políticos dos Pampas / garras de Kamikase / Bacanal na sauna / garoto pendurado no Porta-Estandarte / menino loiro materializado na praça Roosevelt / Relendo os gregos / Cheeseburger ditirâmbico de Arquíloco / Teógnis & seu boy Cirno arcangélicos / Sonata no Caos de Calcário / Marijuana nos soluços dos violões de Outono / fantasmas com línguas reais / Caramanchões de Maracujás para sempre / eu levanto o Selo da Morte / mestre das oferendas Verbo Mágico / mansão de milhões de anos / Osíris imperador da Eternidade / deusa-escorpião / quermesse no Zodíaco / Rimbaud Diadorim Billy the Kid / Hesíodo seu dote é ainda a Terra & o mar infecundo / primeiros deuses Titãs / ventre contra ventre & coxas contra coxas (Arquíloco) / ... do lado paterno ilustres descendentes de peidômanos (Arquíloco) / tambor tambor tambor / armaduras reviradas na batalha / o Mundo é uma ânsia / pássaros de seda na Enxurrada / Minha canção é pura / minhas tripas são loucas / Fernando Pessoa & o mar Egeu / flores na palma da madrugada.

5. VIKING 1

Queria reler Vico mas não posso / queria ler fico mas não fossa / queria tomar pico mas na roça / queria virar mico sem a coça / queria ouvir Chico lá na choça / queria ficar rico sem a joça / queria ver o Angico na palhoça / queria ser Cristo mas na nossa / queria ser lírico na poça / queria mais um tico dessa troça.

6. O PRÓPRIO BODIDARMA RESPONDEU

No meio do eternamente sereno,
nada de questões ociosas
YOKA DAICHI, *SHODOKA*

Só acredito na geleia genital / ânus solar / azeitona com pimenta & vinho rosé / batuque malandro na circunferência da cintura / âmbar & basalto eternizados / ânforas de rubis / sono entre os braços do menino que me deixa bêbado de Sonho / arca do espírito / polias polissêmicas / cachaça com angu / fontes minerais & totais / Artaud & Bruno & Trakl / fila de meteoros assuntados / veludo dos motores azeitados / minha flor em 15 dialetos / noite nos meandros da rosa / Bestione / minha mão vacila / alguém ficou mais ao norte de mim mesmo.

7. BEIJA-FLOR BADULAQUE

nus & feéricos / olho no gatilho meia-lua / nado esta manhã a favor da correnteza / à deriva / no miolo do furacão / eu era uma Sibila entre os gonzos da linguagem / Samba-Vírus / exus nanicos carregando cabaças de pedra da Lua no portal do meu ouvido / cruzamento das avenidas Assassinato & 69 / garoto-pombinha no balcão da lanchonete / esperando o pernilongo da Morte / estrelas rachadas gotejam leite dos deuses / é com este que eu vou sambar até a Pradaria Kamikase / no trecho Belém-Brasília da Teogonia / Verlaine aparece debaixo do tapete / chá para dois / absinto para dois / Rimbaud para dois / Gerry Mulligan para um / circo místico do coração-travesti de Jorge de Lima / boiada estourada sem controle rumo ao estômago de Xangô / babando arco-íris radioativo / sol na brecha / na fresta / na festa / confetes de cocaína nos salões de Madame Ming / relâmpagos acompanharam a Visão.

8. EU DARIA TUDO PRA NÃO FAZER NADA

para o Gilberto Vasconcellos

Lulu mandacaru garoto nordestino cabra da peste peixeira
enterrada no palmito com mel de cometa jabá na algibeira
querendo ler poesia de Gregório de Matos para pôr em prática sem
matar o irmãozinho da esquina sul do largo São Bento antes que a
Sucuri da Tristeza te devore cor de opala sem máscara de ver
vampiro nos planetas distantes parecido com Pound quando
criança gentiluomo dos cactos coxas acetinadas de sereno
posando para o microfilme da ternura unificada no presépio onde
você é adorado como um novo Nero da caatinga serviu como
lavador de pratos no restaurante Giovanni sabendo agora ser Buda
pela manhã trapezista à tarde & batedor de carteiras ao anoitecer.

9. CHOVIA NO TEU CORAÇÃO DE MERDA

Big Jim Colosimo / metranca do Saber / Aureus asinus against Catilina / Bugios no quintal / Ida & volta do Cu Constelado / Mambo no sintetizador de Timbuctu / varíola entre os piratas / varrido pelos piratas / Long John Silver / 15 homens no baú do morto / Exu Gargarejo / fodendo o garoto no buritizal / cachaça & vaselina / espelhos nascendo num outro tremor / anjo doente & licoroso / luas de bolso / Riobaldo & Diadorim: heróis-escaravelhos com quantos punhais construiremos o quarteirão da Paixão? / cuíca-cascavel / garoto bêbado chupando o pau do travesti / Santa Cecília by night / cafungando / Jorge de Lima com seu girassol de coalhada fresca / Batuque / Exu comeu Tarubá / John Cage & a violeta de Parma / deus submerso / de manhã estrelas verdes / Vous êtes de faux nègres.

10. JORGE DE LIMA + WILLIAM BLAKE + TOM JOBIM. DANTE OBSERVA

Papè Satan, papè Satan aleppe / Stradivus cordis meus / formavulva falastros / ripus Nicomedis / fla-flu Kricotomba / cantus Servilius / Baudelaire-Maxixe / fontana efó luzes pardoin / farofa extravivax vox voluptas / moqueca / cachimbando cullus puer / Monte Branco belladona / Montagu / Pasolini-panqueca / formas tuas in natura / pour toi / Plebiscito Bakunin sin nombre ni sustancia / tus pecados / dans le salon de danse / Mon gosse Lewis Carroll / suchiando le bambine / na calçada / na porta do hospício / eu você nós dois aqui neste bagaço à beira-mar / Curiango / tiger / milhafres / sai de baixo.

11. A COREIA É NA ESQUINA

Assim não dá meu tesão
eu começo a sonhar com você todas as tardes
& você lá em Santos
comendo amendoim
vendo anjos nas cebolas do mercado
navios entram & saem do porto polidos
eu corto as veias & rego meu queijo minas
você me ama eu sei & me envaideço
amoras jorram a beleza anarquista de suas
        coxas molhadas
o peixe-espada pode lhe declarar amor
eu penso nestas ilhas perfumadas
mas o caminho de volta eu só conto
a este urubu em carne viva
que grasna na sacada.

12. CLIENTE DA MUCOSA

Exu comeu Tarubá & você nunca
        foi a Paramaribo
quando garoto eu me impressionei
        com o estudo de Lawrence sobre
        Edgar Allan Poe
nunca mais esqueci
assim como não esqueci Ferreira da
        Silva & nossas leituras de
        Sein und Zeit
hoje eu posso me virar do avesso, amor
como o escorpião que injeta no
        seu braço
leites vindouros não jorrados
doce choque na porta de suas tripas
o suor é amigo & concubina
neste sol maluco que azucrina
& me faz levitar amando as
        estrelas derrubadas.

13. HÉLICE DAS CONSTELAÇÕES VELOZES

Rengastein Rocha descobriu a pedra filosofal numa enxurrada em Caieiras / Bicelli tem uma teoria sobre o ar comestível / o espaço dança como um antiquário / forno das ilusões / cocada no coração / gigantes / Vico na quimbanda / mãos em brasa / quarteirão mastigado / olho do anjo na lagarta giratória / oh todas as estrelas do meu samba / oh Genet au souffle des chansons / oxigênio de Panzer / desaparições / Pentecostes / veleiro partindo na marmita / Partitura do Grande Envenenador em pessoa / bilhar de pólen na corola do Universo / Francis Picabia corno você é maroto! / guardas de Netuno / a linguagem se abre / andorinhas urrando Silêncios / Antárcticas / garoto da pirataria com muitos cometas nos braços / Abraão de Souza & o nocaute paralelo / África buon giorno / óleos vegetais & mariconas.

14. EM 68 SÓ FIZ 69

Coleridge / Canção do velho marinheiro / pena de pavão pavoneia o pálio / carnèfice / Netuno & sua tribo / boa festa verão / medusas & mercados abandonados / Guido Cavalcanti / lo piacer mi stringe tanto / na gandaia & na missa dos tarados / cachos de glória & ouro / gatos tranquilos / comunas dando o cu pela primeira vez / hortelã-pimenta / águias noturnas / mascates mascarados / Verhaeren no banho quente / última aparição de Deméter em Delfos / folhas amarelas no retrato / lebres / cabeleira de amianto das Sereias / javalis no largo da Pólvora.

15. BATUQUE I

dragão na quizumba é quem governa / olho na direção do coração roxo & com febre / Macumba de amor no céu solto / glória meu Orixá-Samambaia / garoto porta-estandarte da Unidos da Tijuca / entre minha mão & o cometa / bem pertinho do povo da mata / Cobra Norato apareceu pra mim nas matas da Cantareira / verdoenga feroz enxurrada de punhais / tapete de musgo de veneno / Raul "be" Bopp / o que caboclo / no cu de coral da assombração / ritmos de espuma / escorpião berrando no pau podre / centopeias ferroam na moita / cortando o guincho do garoto-morcego.

16. BATUQUE II

João Guimarães Rosa / flor do demo pegando fogo no rosto sem sono / flor no sortilégio de seus olhos de pântano / boca do Sem-Nome / pássaro com os corações dos amantes no bico / assim seja / poeira nos cabelos de Tigrana / espadas cruzadas nos terraços do inferno / sanduíche de orvalho / onça equilibrada em cada aparelho de TV / noz-moscada / semáforo da vertigem sem paradeiro / boceta do coco / tatuagem em seus tornozelos de Lagarto / nuvens em chamas / Diadorim / voz da pátria da loucura / procurando a vereda do amor & da morte / encontrando a solidão & o sono / como Da Vinci, Rimbaud, Madame Satã, como nós todos.

17. BATUQUE III

Diadorim versus vulgaridade / estrepolias nas estrelas / matagal de Charles Cros / travesti de 16 anos fazendo piruetas na melodia / nenúfar / córrego que voa / rio que decola / Pero sus ojos eran negros / como quien mira a una playa (Lezama) / caçapa do meio bola azul / Artaud & Pavese para os íntimos / Mallarmé & sua queijadinha de relâmpagos / maloca / mico-preto / poeira de pinguim / no inverno costumava escravizar suas ancas douradas / nos mictórios & nas garagens / gafieira de abismos volumosos / esperma de aço / ilhas de Marajó ectoplásmicas / Samba turbulento samba da luminosa escuridão de Osíris / pele acetinada do samba / lojas & suas línguas desertas / amendoins de puro êxtase / vórtex Madame Demônia / forró nuclear / locomotivas na sequência do sonho / aqui Sol & Lua / Mar & Floresta / sou eu mesmo Amor sou eu mesmo.

ROBERTO PIVA
Águas de Lindóia | São Paulo
jan. | fev. 1981

O SÉCULO XXI ME DARÁ RAZÃO

MANIFESTO UTÓPICO-ECOLÓGICO EM DEFESA DA POESIA & DO DELÍRIO

INVOCAÇÃO

Ao Grande deus Dagon de olhos de fogo;
ao deus da vegetação Dionísio;
ao deus Puer, que hipnotiza o Universo com seu ânus de diamante
ao deus Escorpião atravessando a cabeça do Anjo;
ao deus Lúper, que desafiou as galáxias roedoras;
a Baal, deus da pedra negra;
a Xangô, deus-caralho fecundador da Tempestade.

Eu defendo o direito de todo ser Humano ao Pão & à
    Poesia
Estamos sendo destruídos em nosso núcleo biológico,
    nosso espaço vital & dos animais está reduzido a
    proporções ínfimas
quero dizer que o torniquete da civilização está
    provocando dor no corpo & baba histérica
o delírio foi afastado da Teoria do Conhecimento
& nossas escolas estão atrasadas pelo menos cem anos
    em relação às últimas descobertas científicas no
    campo da física, biologia, astronomia, linguagem,
    pesquisa espacial, religião, ecologia,
    poesia cósmica etc.,
provocando abandono das escolas pelas crianças, que
    percebem que o professor não tem nada a
    transmitir,
imobilizando nossas escolas no vício de linguagem &
perda de tempo
em currículos de adestramento, onde nunca ninguém vai
    estudar Einstein, Gerard de Nerval, Nietzsche,
    Gilberto Freyre, J. Rostand, Fourier,
    W. Heisenberg, Paul Goodman, Virgílio, Murilo
    Mendes, Max Born, Sousândrade, Hynek, G. Benn,
    Barthes, Robert Sheckley, Rimbaud, Raymond
    Roussel, Leopardi, Trakl, Rajneesh, Catulo, Crevel,
    São Francisco, Vico, Darwin, Blake, Blavátski,

Krutchónikh, Joyce, Reverdy, Villon, Novalis,
Marinetti, Heidegger & Jacob Boehme
& por essa razão a escola se coagulou em Galinheiro
onde se chocam a histeria, o torcicolo & a repressão sexual
não existindo mais saída a não ser fechá-la &
transformá-la em Cinema onde crianças &
adolescentes sigam de novo as pegadas da
Fantasia com muita bolinação no escuro.
Os partidos políticos brasileiros não têm nenhuma
preocupação em trazer a UTOPIA para o cotidiano.
Por isso, em nome da saúde mental das novas gerações
eu reivindico o seguinte:
1 — Transformar a praça da Sé em horta coletiva
& pública.
2 — Distribuir obras dos poetas brasileiros entre os
garotos(as) da Febem, únicos(as) capazes de
transformar a violência & angústia de suas almas
em música das esferas.
3 — Saunas para o povo.
4 — Construção urgente de mictórios públicos (existem
pouquíssimos, o que prova que nossos políticos
nunca andam a pé) & espelhos.
5 — Fazer da Onça (pintada, preta & suçuarana) o
Totem da nacionalidade. Organizar grupos de
proteção à Onça em seu habitat natural. Devolver
as onças que vivem trancadas em zoológicos às
florestas. Abertura de inscrições para voluntários
que queiram se comunicar telepaticamente com
as onças para sabermos de suas reais dificuldades.
Dessa maneira as onças poderiam passar uma
temporada de 2 semanas entre os homens &
nesse período poderiam servir de guias &
professores na orientação das crianças cegas.

6 — Criação de uma política eficiente & com grande
informação ao público em relação aos
Discos Voadores. Formação de grupos de contato
& troca de informação. Facilitar relações eróticas
entre terrestres & tripulantes dos óvnis.

7 — Nova orientação dos neurônios por meio da
Gastronomia Combinada & da Respiração.

8 — Distribuição de manuais entre sexólogas(os)
explicando por que o coito anal derruba o Kapital.

9 — Banquetes oferecidos à população pela Federação
das Indústrias.

10 — Provocar o surgimento da Bossa Nova Metafísica
& do Porno-Samba.

O Estado mantém as pessoas ocupadas o tempo integral
para que elas não pensem eroticamente, poeticamente,
libertariamente. Novalis, o poeta do romantismo
alemão que contemplou a Flor Azul, afirmou: “Quem
é muito velho para delirar evite reuniões juvenis. Agora
é tempo de saturnais literárias. Quanto mais variada a
vida tanto melhor”.

Assino e dou fé,
ROBERTO PIVA
São Paulo, 1983
Hora Cósmica do Tigre

O SÉCULO XXI ME DARÁ RAZÃO
(SE TUDO NÃO EXPLODIR ANTES)

O século XXI me dará razão, por abandonar na linguagem & na ação a civilização cristã oriental & ocidental com sua tecnologia de extermínio & ferro-velho, seus computadores de controle, sua mora seus poetas babosos, seu câncer que-ninguém-descobre-a-causa, seus foguetes nucleares caralhudos, sua explosão demográfica, seus legumes envenenados, seu sindicato policial do crime, seus ministros gângsteres, seus gângsteres ministros, seus partidos de esquerda fascistas, suas mulheres navios-escola, suas fardas vitoriosas, seus cassetetes eletrônicos, sua gripe espanhola, sua ordem-unida, sua epidemia suicida, seus literatos sedentários, seu leões de chácara da cultura, seus pró-Cuba, anti-Cuba, seus capachos do PC, seus bidês da direita, seus cérebros de água choca suas mumunhas sempiternas, suas xícaras de chá, seus manuais d estética, sua aldeia global, seu rebanho-que-saca, suas gaiolas, seus jardinzinhos com vidro fumê, seus sonhos paralíticos de televisão, suas cocotas, seus rios cheios de latas de sardinha, suas preces, suas panquecas recheadas com desgosto, suas últimas esperanças, suas tripas, seu luar de agosto, seus chatos, suas cidades embalsamadas, sua tristeza, seus cretinos sorridentes, sua lepra, sua jaula, sua estricnina, seus mares de lama, seus mananciais de desespero.

ROBERTO PIV

fev. 198

Hora Cósmica do Búfal

MANIFESTO DA SELVA MAIS PRÓXIMA

... abolição de toda convicção que dure
mais que um estado de espírito
ÁLVARO DE CAMPOS

Para Henri Michaux,
in memoriam

Os produtos químicos, a indústria farmacêutica & os miasmas roerão teus ossos até a medula / cadáver rico em vitaminas / rodopios no rio da indústria / burocratas ideológicos morrendo de rir / marxistas que depois que arrancaram a próstata tomaram o poder / vastos desertos no Cérebro / políticos estatísticas câncer no rosto vazio das avenidas da Noite / Mulheres agarrando garotos selvagens para enquadrá-los no Bom Caminho / assobios & fome do verdadeiro caralho fumegante / Robert Graves, Brillat-Savarin & o refrão dos meus desejos / Feiticeira Ecológica no Liquidificador Minotauro / hortaliças incineradas por mercúrio / botinadas da KGB & canções lancinantes / Tempo no osso / Televisão / Centauro na rota da Revolta / Estrelas penduradas na fuligem / Catecismo da Perseverança Industrial / Os governos existem pra te deixar com esse ar de cachorro batido / Os governos existem pra preparar a sopa do General Esfinge / Os governos existem pra você pensar em política & esquecer o Tesão / Batuque Nuclear Anjo-Fornalha / poesia urbano-industrial em novo ritmo / Cidade esgotada na feiura pré-Colapso / recriar novas tribos / renunciar aos trilhos / Novos mapas da realidade / roteiro erótico roteiro poético / Horácio & Lester Young / Tribos de garotos nas selvas / tambores chamando pra Orgia /

fogueiras & plantas afrodisíacas / Abandonar as cidades / rumo às praias salpicadas de esqueletos de Monstros / rumo aos horizonte bêbados como anjos fora da rota / Terra minha irmã / entraremos na chuva que faz inclinar à nossa passagem os Guaimbés / Delinquência sagrada dos que vivem situações-limite / É do Caos, da Anarquia social que nasce a luz enlouquecedora da Poesia / Criar novas religiões, novas formas físicas, novos antissistemas políticos, novas formas de vida / Ir à deriva no rio da Existência.

ROBERTO PIV
São Paulo, out. 198
Hora Cósmica da Águi

ESTRANHOS SINAIS DE SATURNO

O trabalho dos xamãs (curandeiros tradicionais:
mestres do êxtase & do transe, diz Mircea Eliade...
os técnicos do sagrado) é explorar & criar
o extraordinário (o "maravilhoso" de André Breton & dos
surrealistas), explorar & criá-lo por meio do transe & pelo
controle da língua & do ritmo, & assim por diante (porque
ele, que controla o ritmo, escreveu alguém, controla).
Da perspectiva da consciência comum, este trabalho do xamã é
desorientador, assustador, & o próprio xamã (ele ou ela)
frequentemente experimenta tudo isto como terror: um pavor da
morte & da doença — curar o pavor da morte & da doença — & o
pavor da loucura/psicose/alma, quando ele realmente nos aflige.

JEROME ROTHENBERG, *ETNOPOESIA NO MILÊNIO*

para o Gustavo

CICLONES

La volupté
Est
Au centre
Du Cyclone
Des sens
MALCOLM DE CHAZAL

Je suis le vent dans le vent

H. MICHAUX

TEMPO DE TAMBOR

Io vi ho insegnato l'estasi
divina del libero canto: quella che il dervis trova
nella vertigine della sua danza infernale
ENRICO CAVACCHIOLI

esqueleto da lua
o tempo
tambor tão frágil
vomitando a noite

na direção dos quatro ventos
o xamã
rodopia
na energia da luz

quatro ventos
quatro montanhas
no olhar do garoto
que dança
no céu chapado

o riso
flor tesuda
com seus dentes
pedindo vento

o amor
tem esta exigência:
deseja o impossível
& os cometas do coração

o garoto
& seu cu em flor
adorno de um deus
deslumbrando o caos

o amor
grita na minha garganta
a serpente
o gavião
o jaguar
me veem
como seu Duplo

o arco-íris
é o colar do feiticeiro
que apaga o dia
com a mão direita
& inaugura a noite
com a mão esquerda

luas caiçaras
vigiadas
por óvnis sonâmbulos
dinastia astral
reis exteriores

gaivotas
estrelas que despencam
no mar
& se eclipsam

Baco
me transforma
num astro vibratório
com este elixir
de cacto selvagem
Vejo uma andorinha
carregando um solfejo
enquanto o núcleo
do Sol explode

anjos
definidos pela miragem
meu trono
de rei vagabundo
no Boeing do meu coração

Artaud
Crevel
Blake
& a *Signatura rerum*
no signo do poeta
luz caminhando sobre
o luar
transfusão de imagens
se convertendo em flor
& numa dor estranha

NA PARTE DA SOMBRA
DE SUA ALMA EM VERMELHO

A verdadeira poesia se encontra fora das leis.
GEORGES BATAILLE

seja devasso
seja vulcão
seja andrógino
cavalo de Dionysos
no diamante mais precioso

Coltrane
cujo apelido
é Buda
divindade lunar
que criou
o homem físico
animador dos deuses
povo-carrapicho
Palavra Voz Espírito

Iguape, 1984

a poesia vê melhor
eis o espírito do fogo
minha mão
dança
no corpo do garoto lunar

teu cu fora da lei
teu pau enfurecido
alegria de anjo
nas estradas
do prazer
língua dos espíritos índios
cogumelos profetizando
anarquia & delírio
boca no meu pé
boca no meu saco
poesia é desatino
abrindo a Noite
no excesso do Dia

Praia da Jureia, 1983

garoto jaguar
& sua tribo
descendo dos telhados
pulando janelas
skates carnívoros
rondando
cidades mortas

São Paulo, 1988

eu sou o cavalo de Exu
ebó
do meu coração
despachado
na encruzilhada dos cometas

Dante
conhecia a gíria
da *Malavita*
senão
como poderia escrever
sobre *Vanni Fucci*?
Quando nossos
poetas
vão cair na vida?
Deixar de ser broxas
pra serem bruxos?

piratas
plantados
na carne da aventura
desertaremos as cidades
ilhas de destroços

Ilha Comprida, 1988

HIC HABITAT FELICITAS

fastos & nefastos
deus *fascinus*
na soleira da porta
aponta
a glande rosada
pro seu olho xereta

Ilha Comprida, 1983

signos selos & sigilos
serpente solar serpenteando
          a seta
solitudes
solo de sax santificando
o Satori

Juquehy, 1983

cem planetas? cem pupilas?
simpatia das coisas distantes
o nada árido das areias

Praia do Guaiúba, 1982

Heidegger
quando escreveu sobre Trakl
era um dia assim
com este vento devasso
entre o crepúsculo
& o renascimento

Praia do Guaiúba, 1982

Meio-dia dourado
acaricia garotos & pássaros
luz de sonho
partindo o Mundo
no centro do coração
lâmina da Eternidade

Ilha Comprida, 1986

INCORPORANDO O JAGUAR

na escada do vento
o sonho
folha que cura
pequeno exu que
          dança extático

o garoto ataca planícies
em debandada
é o coração do jaguar
na ponta de fogo
do diamante
deus rapinante
piratas que
gritam no horizonte

amando sobre a
terra nua
garras à mostra
no fundo azul da
floresta
amigo de todos os deuses

Jarinu, 1991

NOSSO ANTEPASSADO FOGO

para Eduardo Calderón Palomino
Chamán de los cuatro vientos

estrela do norte
flor de filigrana
no nervo do
poente
voo cansado da coruja
que desgarra seu
arpão
miraculosa *Cannabis*
planta do incesto
do sol com as
águas
árvores cheias de
bocas
donde o gavião salta
ciclone do Universo

Jarinu, 1991

FLORESTA SACRÍLEGA

para Jean-Pierre Duprey

I.

neste dia
o sol é transparente
céu erótico aberto
com olhos de borra
        de vinho
o brilho solar canta
o deserto atravessa o
        céu
pétalas selvagens
do horizonte sem fim

II.

pelos direitos não
        humanos do planeta
a Ilha Comprida
        nada
nas pradarias do Céu
gavião pandemônio
talhado na parte
mais dura do vento

III.

máscara erótica louca
        do verão
o chefe dos roedores
        quizumbeia
sua fome de sombra
        é grande
& o Invisível
        aparece

Ilha Comprida, 1991

para Sergio Cohn

eu caminho seguindo
o sol
sonhando saídas
definitivas da
cidade-sucata
isto é possível
num dia de
visceral beleza
quando o vento
feiticeiro
tocar o navio pirata
da alma
a quilômetros de alegria

Ponto Chic, 1995

para Gustavo

há 50 mil anos
 atrás
o primeiro xamã
olhou a fogueira
 dos seus olhos
sob a luz
 vulcânica do
 crepúsculo
cantou um poema
 primaveril
com a garganta azul
 da alma
& no seu tambor
 de peles & folhas
inventou o ritmo
 de nossos corações

Parque do Carmo, 1995

BR 116

necessito cometas
        no céu Caiçara
        onde plana o
        falcão mateiro
Juquitiba, Miracatu,
        Vale do Ribeira
gole de vinho
        quando nasce a
        manhã
na estrada que
        leva ao mar
& a ilha aflorando na
        névoa malva
do maciço serpentário
        da Jureia

BR 116, 1995

Paracelso cercado
de jasmins
leve como o fogo
no embalo do
navio-*tortilla*
poder das Ervas
poder que avança
na rapidez
de um beijo

Mairiporã, 1995

bigodes semáforos
de Nerval
solitude
tarôs repletos de
poesia
desdichado
asas vermelhas
infladas no poente

Mairiporã, 1995

Rimbaud
garoto-*Panzer*
coxas douradas
        de mochileiro das estrelas
puer da alquimia

Mairiporã, 1995

a força do xamã
provém do nada
do êxtase
do Eros
tambor-gavião
estrela fiel na chama do coração
garoto vestido
          de menina
dervixe da Lua

Mairiporã, 1995

PIMENTA D'ÁGUA

para o babalorixá
Marco Antônio de Ossain

a rua é muito estreita
para o exército
          de folhas
          & seu AXÉ
esta flor-d'água
esta ondulação de
          neurônios
girassol imóvel
               no centro
                    do mundo
a cabeça nas nuvens
os cabelos na poeira
& depois
percebe-se
a Sombra
que é a nossa cara

Jardim Tremembé, 1991

XANGÔ E PARACELSO

o mundo subterrâneo
está mobiliado
por coxas de garotos
          selvagens
o mundo solar
está mobiliado
por olhos
de garotos com
          almas de pétalas
eu sou o orixá
com pênis
do tamanho do
pênis do elefante
pássaros se dedicam
de imediato à obra
          em negro
estrelas em prontidão
relâmpagos
temperam
a cerveja dionisíaca
de Paracelso
cuja espada
faz dançar pirâmides
feito um raio
arrebenta

o plano ruidoso
do nosso
século

Jarinu, 1991

GAVIÃO CABURÉ

Quelle tempête, la lumière!
HENRI MICHAUX

Eu atravessei manguezais
            & estrelas
sementes espalhadas
            na voz do olho obscuro
répteis abandonados no pó das estradas
Esta Serra enforca o horizonte
        nômade do Absoluto.

Cantareira, 1993

A OITAVA ENERGIA

para Malcolm de Chazal & sua poesia
oscilatória; para Raymond Abellio,
Câmara Cascudo, Mircea Eliade,
Julius Evola & a tradição iniciática

Que você conheça
a estrela da loucura
Na sua verde boca animal
A paisagem mineral
rói o olho do peregrino
que procura seu Deus com chifres
Amo os garotos que cospem o sangue
        das amoras
pelos lugares ermos, praias habitadas
        por escamas de peixe, montanhas
        & matas onde o anjo é um pau
        duro no poente
Que você conheça o relâmpago
        chamado mundo sombrio
Estremecendo na folha do seu
        coração
Que você conheça este relógio sem nuvens
      chamado morte
dependurado no planeta
como volúpia secreta

Que você conheça manguezais
    & realidades não humanas
    que são a essência da Poesia
Que você conheça o sussurro do Sol
Na água ferruginosa dos seus olhos

Praia Grande, 1995

LAMENTO DO PAGÉ URUBU-KAAPOR

antes
de desaparecer
no
túnel
das nuvens
chega o vento
a caixa do céu
se abre
a estrela
no olho às
vezes
é o
coração que bate
estou sozinho
no topo
dos hemisférios

Ilha Comprida, 1991

JOÃOZINHO DA GOMEIA

Os mitos descrevem as diversas e
frequentemente dramáticas eclosões
do sagrado no mundo...
ASPECTOS DO MITO, MIRCEA ELIADE

gestos-síntese
de sol & lua
mãos que governam
sonhos dos
meninos que amam o mar
basta de poesia
ou religião que não conduza ao êxtase
existe o grau zero
          da dor
                    & alegria
eu brilho
       na noite acolchoada
na constelação
calcária
o Pedra Preta
distribui o axé
enquanto o dia
avança com o vento

Ilha Comprida, 1991

RITUAL DOS 4 VENTOS & DOS 4 GAVIÕES

para Marco Antônio de Ossain

Eu trago comigo os guardiães
dos Circuitos Celestes.
LIVRO DOS MORTOS DO ANTIGO EGITO

Ali onde o gavião do Norte resplandece
    sua sombra
Ali onde a aventura conserva os cascos
    do vodu da aurora
Ali onde o arco-íris da linguagem está
    carregado de vinho subterrâneo
Ali onde os orixás dançam na velocidade
    de puros vegetais
Revoada das pedras do rio
Olhos no circuito da Ursa Maior
    na investida louca
Olhos de metabolismo floral
Almofadas de floresta
Focinho silencioso da suçuarana com
    passos de sabotagem
Carne rica de Exu nas couraças da noite
Gavião-preto do oeste na tempestade sagrada
Incendiando seu crânio no frenesi das açucenas

Bate o tambor
no ritmo dos sonhos espantosos
no ritmo dos naufrágios
no ritmo dos adolescentes
à porta dos hospícios
no ritmo do rebanho de atabaques
Bate o tambor
no ritmo das oferendas sepulcrais
no ritmo da levitação alquímica
no ritmo da paranoia de Júpiter
Caciques orgiásticos do tambor
com meu *Skate*-gavião
Tambor na virada do século Ganimedes
Iemanjá com seus cabelos de espuma

São Paulo, out. 1994

POEMA VERTIGEM

Eu sou a viagem de ácido
    nos barcos da noite
Eu sou o garoto que se masturba
    na montanha
Eu sou tecno pagão
Eu sou Reich, Ferenczi & Jung
Eu sou o Eterno Retorno
Eu sou o espaço cibernético
Eu sou a floresta virgem
    das garotas convulsivas
Eu sou o disco voador tatuado
Eu sou o garoto e a garota
Casa-Grande & Senzala
Eu sou a orgia com o
    garoto loiro e sua namorada
    de vagina colorida
    (ele vestia a calcinha dela
    & dançava feito Shiva
    no meu corpo)
Eu sou o nômade do Orgônio
Eu sou a Ilha de Veludo
Eu sou a Invenção de Orfeu
Eu sou os olhos pescadores
Eu sou o Tambor do Xamã
    (& o Xamã coberto
    de peles e andrógino)

Eu sou o beijo de Urânio
  de Al Capone
Eu sou uma metralhadora em
  estado de graça
Eu sou a pombagira do Absoluto

Ilha Comprida, 1991

POEMAS VIOLETA DA CURA XAMÂNICA

Foi esse incidente que despertou meu interesse pelos fluidos violeta que dizem ser gerados na superfície da pele pelos xamãs da Ayahuasca, e que eles usam para adivinhar e curar.

ALUCINAÇÕES REAIS

TERENCE MCKENNA

garoto com câncer
condenado à ciência
ao desastre da quimioterapia
no país profano
          da medicina alopática
nas lerdas armadilhas
          da anemia
você diz que a
          noite está negra
eu conheço seu tesouro
onde o pavilhão da vida
toca seus acordes

Mairiporã, 1994

olhos violeta dos
        retratos de Modigliani
olhos violeta do LSD
olhos violeta do mar aberto
ilha falando do refluxo
& da língua azul da praia
cabeça no céu
no deserto violeta sem espelhos

Ilha Comprida, 1992

flor chuva morte
garoto esconde seu sexo perfumado
vertigem na minha boca
a terra está nua
seus olhos sem olhar
seu quarto sem portas

Ilha Comprida, 1991

caralho pop Shiva
        curador
pura parcialidade
        consanguínea
procurando o Tao
        em mim
sorrindo uma vez
        mais
ao alcance da visão

som silêncio sobrenatural
benzedeira irradiação-diamante
sol ao sul da represa
carancho pousado no redemoinho
produzindo a sensação de que você É você

Mairiporã, 1992

a poesia mexe
com realidades não humanas
do planeta
profecias
espíritos animais
vidência
estrela bailarina
lugares de poder
fogo do céu

Pedra Grande, 1994

paisagem bela anterior ao dilúvio
duzentos quilos de razão para ser louco
a lua me apalpa o corpo
estou nu
de pé na primeira estrela
recebendo o beijo
          do andrógino

Represa de Mairiporã, 1994

imensidade interior dos poetas da Aventura
    Nerval Pessoa & os templários Lao Tsé
    Sandro Penna Drukpa Kunley
    Virgílio Crevel
    Dino Campana
    Os expressionistas
    Trakl & Benn
    também piraram
eles passam perto de nós
sem saber esconder suas Vertigens

você é o Blake
        da Primavera
Léo Ferré & cerveja Budweiser
o tié-sangue & seu coração são da mesma
        matéria
o vento da manhã sai do seu peito
rumo às estepes eternas

Mairiporã, 1994

REVELAÇÕES

para Jacques Vallée

frio nas fronteiras de topázio
abandonei-me ao mês do Deus do Vento
floresce no meu corpo um ponto secreto
entre os cometas vivos do êxtase

Mairiporã, 1994

VII CANTOS XAMÂNICOS

Loose desire!
We naked cry to you —
"Do what you please."
WILLIAM CARLOS WILLIAMS

I

canoa do Amazonas
no olho-peiote
no céu à queima-roupa
domina a vegetação & agricultura
ama a astronomia
& os vampiros em zigue-zague
hosana incandescente / flor crispada / anjo
selvagem
jaguar sentado na ametista
& o pássaro caçula do sonho
bem próximo da morte

II

monstro de puro amor
curare
estilo cerâmico de Nazaratequi
pandemônio de Zeus
Eros atravessando
o tímpano com um 38
gavião de arame farpado
núcleo do veneno fiel

III

garoto Crevel
garoto inferno
banhado no verde-claro
da manhã tropical
bons músculos poéticos
garoto Nerval
caralho azul de enforcado
na dobra da noite

IV

o cogumelo é calmo
& a natureza insegura
meninos envoltos
em lágrimas & suor
Hermes
na goela
do império dos mortos

v

morangos silvestres
racham-se ao sol dos marimbondos
velas forçam o mar
& desaparecem
na planície da loucura
a paixão agitou
as samambaias
de janeiro

VI

garoto índio meu amor
por três noites o incêndio
bagunçou o coração das medusas
sementes & raízes
onde as ilhas
erguem
suas brasas

VII

constelação de peixes rápidos: amor
o mar
que Homero
poetizou
em tecnicolor
o vinho desata
minha mão lagunar
no instinto astronauta
da espécie

Ilha Comprida, 1986

INVENTEM SUAS CORES
ABATAM AS FRONTEIRAS

Les mots ne sont dans mon oeuvre que des simples templins, d'où montent et retombent en bondissant des corps spirituels et mystiques.

MA RÉVOLUTION

MALCOLM DE CHAZAL

Dante foi bruxo da família
        Visconti
Seus dedos violeta criaram fórmulas,
venenos & purgatórios sem coração
No mês 9 no dia 9 na hora 9
ficou 9 dias com febre
Todas as novidades estão
        no Inferno

Em Curepipe
nas Ilhas Maurício
Malcolm de Chazal
profetizou amor conhecimento
        & o Deus-Flor
Lua-Tambor de elfos
meninos azulados
montanhas de Saturno com mãos
        ao alto

Ângelus Silesius, você é Dionísio
ou o quê?
Abelhas revoam na paisagem de
girassóis
Lagoas recebem os corpos quentes dos
adolescentes
O verão urra no céu rosa
Irerês atravessam minha cabeça de
centopeias lisérgicas
Ângelus Silesius, você dança? É Shiva?
As cordas de um velho contrabaixo
esfaqueiam o silêncio

... este paraíso é de víboras azuis.
HERBERTO HELDER

Este paraíso é assim:
repleto de raças respiratórias.
Nuvens, periquitos, uvas negras
à beira do deboche.

Este paraíso é assim:
relâmpagos & doces de leite,
punhal escapando da bainha
de vértebras.
Menino-acauã dançando
ao sol estrangeiro.

Este paraíso é assim:
folhas de mamona, submarinos
viajando no próprio sangue.
Leveza. Flores frenéticas.
Batuque sussurrando: também eu
atravessei o inferno.

para Flávio & Antônio

meu ombro leste
meu coração norte
sparring do dilúvio
névoa de pássaros luminosos
batendo boca com o abismo

Mairiporã, 1995

ÓVNIS

manhã
que fareja a
densidade do
ORGÔNIO
na tempestade
extrarrosa
olhar esmeralda
relâmpagos de pupilas
a serpente sou eu
tocando flauta
OS DISCOS VOADORES
SÃO ANJOS (Pasolini)
nesta manhã
tudo se dizia
queimando um a um
os seus poros

Ilha Comprida, 1990

A PROPÓSITO DE PASOLINI

quando você encontra um garoto
perto de um chafariz
& ele se curva para água
tal qual em Caravaggio
sombra selvagem do crepúsculo
com o sol turquesa
nos cabelos ouriçados
é o momento doente
como um solfejo pagão
depois da orgia
é assim que crescem os deuses
na primavera e seu ardor melancólico
são os anos os povos os garotos videntes
que não broxaram sob as tenazes
dos cegos que perderam a Palavra

março/manhã, 1987

Alma fecal contra a ditadura da ciência
Rua dos longos punhais
Garoto fascista belo como a grande noite
esquimó
Clube do fogo do inferno: Alquimistas Xamãs
    Beatniks
Je vois l'arbre à la langue rouge (Michaux)
Templo
Procissão do falo sagrado
Deuses contemplam nas trevas o sexo
    do anjo do Tobogã
Felizes & famélicos garotos seminus dançam
    como bibelôs ferozes
Pedras com suas bocas de seda
Partindo para uma existência invisível
Tudo que chamam de história é meu plano
    de fuga da civilização de vocês

Represa de Mairiporã, 1995

MENINO *CURANDERO* (POEMA CORIBÂNTICO)

I

C'est l'heure des mauvais garçons
l'heure des mauvais voyous
RENÉ CREVEL

os meninos *curanderos*
se vestem de anjos nos Canaviais
resgatam Eros nas ruas
        das cidades-sucata
nos ritos da magia do Amor
& bebem Morte numa
        taça de Crânio

II

O anel solar é o ânus intacto do seu
corpo adolescente, e nada
há tão ofuscante que se lhe possa
comparar; a não ser o Sol,
e apesar de ter um ânus que é a noite.
GEORGES BATAILLE

René Crevel menino vidente
bebeu morte num pedaço
        de lua em chamas
coração que perdeu o céu
garoto americano que te encoxava
dança agora no infinito
        de um armário aberto
sunguinhas de galalite da
        cor do arco-íris
boca surrealista pronunciando
        o verbo de fogo
& estas luzes sem passagem
        no presente
estas ruas mortas onde
        não se ressuscita o Vento

permanente falha mecânica
na civilização que perdeu
o Maravilhoso
é a janela vermelha do
Ocidente onde grita
o Anjo
entre coxas dos marinheiros
tremem meninos
das ilhas
paisagem pós-nuclear onde
a flor negra atravessa
a sombra

III

Je tuerai les rôdeurs
silencieux danseurs de la nuit
RENÉ CREVEL

um corpo lunar penetra no
quarto saído do mar
noite imemorial onde jogam
os elementos
é gavião, é o menino *curandero*
& tem mil anos
sua dança celebra o mundo
sua risada corta a Ilha
em dois pedaços
rosa de névoa entre os
espectros
corpo de garoto por onde
passa o Império Romano
sangue onde navegam piratas,
estrelas turvas, bosques,
telescópios

IV

encontro com Satã no verão
uma bolinada uma aliança
ele pede um daiquiri
ele pede uma locomotiva negra
        que mergulha no Sul
menino *curandero* de albornoz
        azul
rodeado de espelhos de alta
        Bruxaria

V

Il m'apparut que l'homme est plein
de dieux come une
éponge immergée en plein ciel.
LE PAYSAN DE PARIS, L. ARAGON

come o teu cogumelo
no coração do sagrado
fazendo sinais arcaicos
procura entre praias, montanhas
          & mangues
a mutação das formas
sonha o mundo num só tempo
o cogumelo mostrará o caminho
só o predestinado fala
a luz lilás do cogumelo
levará ao rio das imagens
Sombras dançam neste Incêndio

VI

Viva resta la dolce
persuasione di una fitta
rete d'amore ad
inquietare il mondo.
SANDRO PENNA

rico de asas
o menino xamã
incorpora o gavião
escuta a luz do monte
fica nu & deita impassível na Terra
é dele o tambor feito de Tíbias
& a estrela mais límpida na
cabeça

VII

Le soleil et ton coeur
sont de même matière
PIERRE REVERDY

o grande reflexo lilás caminha
creme de anjos
flor ameaçadora da manhã
vento varrendo a paisagem
no momento sou um deus devasso
        no parapeito frágil do destino
a névoa que me carrega é horizontal

Ilha Comprida, 1993

... pois, onde se fala uma
língua de luz, nós somos lidos.
ERIC MEUNIÉ

ESTRANHOS SINAIS DE SATURNO

Xamãs de todo o mundo, espalhem-se!

R. P.

ESTRANHOS SINAIS DE SATURNO

para Claudio Willer
& Antonio Fernando de Franceschi

I

o fundo do corredor
cheio de ursos mal-assombrados
garoto porco
garota porca
observam o
porco das sombras
transformando no monstro da mídia
os sete sanduíches capitais
o menino estufado de macaco
derruba o disco voador
com um nocaute elétrico
no extremo norte da Terra
no festival anual de Sacis
na feira de cerveja Paracelso
na República de Salò
o ditirambo canta na escada
você disse que o brasão dele é
um cisne
onde o Inferno está amarrado
onde o Paraíso voa com a Lua
nos trenós de arroz-doce
no castelo hipnótico de Luís II da Baviera

II

os imperadores romanos encenaram
a crueldade surrealista
no Teatro Colossal do Coliseu
as feras dançavam no submarino
        da religião Pagã
até o último suspiro do lobo da estepe
quando a noite levava os adolescentes
        pra cama dos gladiadores
o formigão eletrônico & o Apito selvagem
trocaram de roupa & de farofa
& fizeram
Ebó pra Hermes
no calafrio da palhoça

III

Sou o poeta *na* cidade
Não *da* cidade
gosto das extensões azuladas das
        últimas montanhas
contemplar nas estradas de topázio
o anzol das constelações

IV

a vítrea libação das páginas de poesia
ilumina as escadas do êxtase
no corrimão afrodisíaco
onde você aparece com sua tatuagem
de dragão de olhos azuis
no esplendor do cerrado
no aluvião de ossos humanos
gavião-real de coração partido
no soluço da tempestade de alvéolos
asas de borracha
penas incrustadas no jardim
Orcas sorridentes no lago vermelho

TEUS OLHOS TÊM UM CÉU DE LÁGRIMAS

gavião psicopompo
garotas babilônicas
    decifrando as vísceras
    dos pombos
Mingus caminhando
    no deserto
Sade recebendo o
    santo na porta
    do hospício
Beatriz Portinari dizendo
   Amém no Paraíso

CHAPÉUS DO IRMÃO CICLONE

Os rios revoltados saberão
vingar-se
Oh Paracelso
Oh Dino Campana
Oh Xangô
da minha janela da lua
vejo cidades que
sufocam no cimento
rosas de barbitúricos explodindo
nas sacadas
garotos de bicicleta dissertando
sobre a vida dos deuses

A DOR PEGA FOGO

para Maria Rita Kehl
& Marcelo Coelho

O Marquês de Sade
& a Marquesa de Santos
caminham ao jazz do crepúsculo
lembrando certas luminosidades
certos espasmos
certos atos visionários
gritando seus triunfos na
escuridão

MOSTRA TEU SANGUE, MÃE DOS ESPELHOS

o mistério lunar da menina
lésbica
linda como um nenúfar
com seu nome de pássaro
levando na mochila
AS CANÇÕES DE BILITIS
uma coruja no ombro
& no sangue os gritos
dos náufragos de outrora

EMOÇÃO EM PEDAÇOS

Bomba atarefada
Bomba desastre
anjo de voo de abutre
garoto-bomba mini-Tarzã
bomba solar do barão Julius Evola
bomba na bunda de Hitler
sonhos secos em Tóquio
agonia de uma princesa deplorável

PARA ABRIR OS OLHOS

Brasão iniciático do corpo
inteiro
ressuscitando a caravana de
Unicórnios
na goela dos vulcões

ILUSÕES DA MEMÓRIA

xamã provocador de pesadelos
meus espíritos começam a falar
todos planam urrando
                    na onda negra do coração
como uma gota de esperma
                    na palma impúbere
olhos baixos de criança
                    submissa
sob as flechas de uma deusa &
                    aviões brancos

PRESENÇA DE LAVANDA

Não faça cara
de mártir
diz Dante
abençoando nossos
espíritos
piscando para
OS BUDAS das
palafitas
nossos rostos recebem
a chuva
o mel & o vento
dos vulcões
na borda da eternidade

AOS GRANDES TRANSPARENTES

para Ademir Assunção
& Jotabê Medeiros

Tubarão Vodu cabeça de Martelo
Voando no ombro pederasta de Whitman
abraço a garganta loira do ANDRÓGINO
PRIMORDIAL
o URUBU-REI louco de ciúmes engoliu inteiro
O HERMAFRODITA DE JADE
quando o sol sem luz soprou seu planador
orgiástico no aeroporto
na décima oitava chicotada punitiva
o Marquês de Sade se irrita com meteoros
no dilúvio de girassóis revolucionários
& seus relâmpagos

imperador do Mangue
descarrilhando no urubu primaveril
sem data para atracar no Globo Terrestre
O Guapuruvu era um deus
suas asas suavam doces delírios
quando eu colhia morangos silvestres
& as árvores me ensinavam a dançar ao
crepúsculo
O Único de Stirner brilhava no neon
na noite da Anarquia
até quando
até quando...

O JAZZ É UM EXU AFRICANO

I

a pedra vai compreender
na sua frieza
de mendiga
o primeiro grito
da inspiração
címbalo da trepidação
supersônica
palhaço degolado no deserto
A pedra vai compreender
o doutor Sax
& seu improviso de pequenos
cometas que mudam de cor

Pedra Grande, 1995

II

Vagabundos
dos corações alados
com intestinos de Neon
Poemas-flechadas
perfurando planetas queimados
vivos
lua fogo Sol
tocaia de Sonho
a Sonho

Ilha Comprida, 1995

AS ASAS COM CAUSAS

consultei o carcará caolho da
verdade
assunto: carne humana
11 de junho 1289:
batalha de Campaldino
Girolamo Piva, cavalier ghibellino,
teria comido carne humana?
professores universotários & sua
antropofagia vegetariana
apavorados peidam no escuro

São Paulo, 1998

TODOS OS PÁSSAROS & SUAS FLORESTAS

ísis pátria de Novalis
profeta da FLOR AZUL
derradeiro milagre do grão de Pólen
Reich conheceu a FLOR AZUL do
    ORGÔNIO?
Leopardi viu a FLOR AZUL a
    jato
Picasso deitou & rolou no azul africano
Artaud se inundou no AZUL peyote
eu mastigo o azul da Orquídea
trêmula da Ilha
inauguro EROS AZUL

São Paulo, 1998

A BENGALA ALIENÍGENA DE ARTAUD

O mamute sem pátria
O professor membrana
O pica-pau pica tora
O orgônio letal da sociedade industrial
O presidente stalinista chefe de quadrilha
O fantasma de Stálin de Jean-Paul Sartre
    Budapeste anos 1950-séc. XX:
    Secretário-geral do PC húngaro
    manda cavar o solo para construir
    o metrô de Budapeste. Subsolo muito
    duro. Então, não eram os técnicos marxistas
    que estavam errados, mas o subsolo
    de Budapeste que era contrarrevolucionário.
    Brasil 2004-séc. XXI:
    Programa Fome Zero: contrariando
    o governo, o IBGE provou que os
    mais pobres nem sempre são os mais
    malnutridos & os obesos são mais
    numerosos entre os mais pobres.
    O governo se apressou a desmentir o
    IBGE. Taí: não são os padrecos
    assessores que estão errados, mas
    o IBGE & os gordos que são
    contrarrevolucionários
    Conclusão de Sartre: O marxismo é uma
    violência idealista às coisas.

O bucho do mangusto
O furor uterino da Pomba
A Lazanha emplumada
O bofetão *on the road*
As ancas do navio
O carcará sem fio

meio poema meio manifesto
Templo ZU LAI
Rodovia Raposo Tavares
2004

GRITO DO ANJO NEGRO

para o João Silvério Trevisan

O garoto & a garota
　　　o hermafrodita o
　　　andrógino
caminham pelo império
　　　romano
a bicha seca & a lésbica
　　　redonda
descascam o lagostim para
　　　o anjo salpicado de
　　　veneno
a bruxa com bunda
　　　de babuíno
escoteiros infernais atravessando
　　　cometas planetas meteoros
sempre alertas para os
　　　xamãs & seus
　　　caitetus mecânicos
Uma garota chamada
　　　TUFÃO fazia amor
　　　23 vezes por dia
　　　décadas de ouro do
　　　irracional voo rasante
que ainda persiste

2007

TERRA ELÉTRICA

para Romulo Pizzi

Mitra Sol invictus
nos corredores energéticos
nas gavetas de orgônio
fonte primordial da leveza
        do mundo laranja azul
nos estádios extraterrestres
onde se aplaude Richard Wagner
        & Nelson Cavaquinho
equilibrando o furor & o amor
a dança da tartaruga verde
a desmunhecada mortal do Leopardo
o peixe palhaço
o garoto borracheiro voando
        pra Lua
os escorpiões mastigam as calçadas
escalando os séculos os elefantes
        levantam as nuvens
no seu voo alquímico para a Eternidade
o Gavião-de-Penacho

2007

AMON RA

para Rodrigo de Haro

não há tempo a
perder
o efebo eletrônico
passeia pelos jardins
do Desterro
como uma gota de Sombra
sorrisos de diamantes
de outrora
com seus Anubis
recheados de crepúsculos
linguagem de pássaro
lua de hemoglobina
saltitando nos telhados
kilômetros de sua
potência milenar
dançando no fundo do olho

Praça Buenos Aires,
São Paulo, 2007

VIOLONCELO RECÉM-NASCIDO

para Regastein Rocha

O gordinho folhetinesco
rebolando na praça pública
    como uma caveira
    mexicana
provocou uma série
    de curas psicomágicas
testemunhadas pelo
    açougueiro bundudo
que usava seu canivete
    cataléptico na pesquisa
    cósmica
enviando para os deuses sua
    forma-tatu
sua forma rolinha
sua forma menina-moça
    especialista em cocada
foi assim que surgiu
o batuque-abutre
o batuque-piranha
mumificados no Espaço

VELOCIDADES INTERNAS

para Sergio Cohn, Danilo Monteiro
& Rodrigo Garcia Lopes

Walt Whitman
        objeto voador identificado
Nos calafrios da percepção
sozinho no estreito de
        Behring
sempre em vertentes de
        luta
esgrimindo com o
        Alecrim do Campo
nas costas tostadas das
        montanhas
na perversão erótica
        ligada a motores
é você mesmo
no planeta fodido
        de naftalina
nos corações hipnotizados
no corredor sem fim
        da Morte

São Paulo, 2007

OS LABIRINTOS VOAM DE NOITE

para Vera

os pássaros cruzaram o
Zodíaco
quando você jogava bola
no Embu-Guaçu
como uma garota
pré-rafaelita de
Dante Gabriel Rossetti
suas bonecas inexistentes
eram todas de Aço
as borboletas viravam
nos extremos do Mundo
psicodélica loucura
na vida da imaginação
esperando o crepúsculo
iluminar a morte minimalista
do gaviãozinho
do gafanhoto-folha
do urso dos Andes

São Paulo, 2007

O ROCK DA SERRA DA CANASTRA

para Ugo Giorgetti

Noite de onças
        azuis
Tempo ouriçado
        das Montanhas
no belo boliche
        das estrelas cadentes
Você toca o contrabaixo
        do cinema
na direção do Vento
no horizonte
        de todas as tramas escocesas
depois da Morte
onde estaremos?
em que névoa
        violeta em que
        Silêncio?

São Paulo, 2007

SOLUÇO DE PLANETAS

Para Roberto Bicelli
& Toninho Mendes

os urubus são insaciáveis
pais de nossos desejos
na entrelaçada pista
        das nuvens
onde um sol retorcido
        gira no grito do
        azul
aguardando o cataclismo
na franja da floresta

BILHETE PARA O BIVAR

hoje é o dia que os
        anjos descem nas
        catacumbas de cimento
sem o aviso das
        máquinas de empacotar
sem saltar sobre
        caramanchões de poluição
disseminando comportamento
        de Lacaio
é o momento do
        último homem
o que dura mais
        tempo
é o tempo do crime
        & sua prova
a caveira que ri
        na noite vermelha
a explosão demográfica
& a fome a galope
é o Sol mudo a
Lua paralítica
Drácula janta na
        Esquina
E para que ser poeta
        em tempos de penúria? Exclama
        Hölderlin adoidado

assassinos travestidos em folhagens
hordas de psicopatas
        atirados nas praças
enquanto os últimos
        poetas
perambulam na noite
        acolchoada

Parque da Água Branca, 2007

CAIRÁ A NOITE IMENSA

para Antônio Zago
& Wesley Duke Lee

Bruegel
está de tocaia
    no shopping
    do espaço
    na garganta
    surrealista da morte
    na caçapa do bilhar
    nos ramos atônitos
    do Pau-Ferro
    no Terraço do
    submarino escarlate

OS MIL DIAS FELIZES DO DR. FERENCZI

para Luiz Roberto Ramos,
Luciana Domschke & Marisa Adachi

os olhos do Totem
na criatividade da manhã
mugem no meu coração
estrelas no céu *curandero*
poemas portadores da peste
fantasmas na poeira
vinho de pura estratégia
        militar
soprando o vento
        frio da vida &
        da morte

MARSICANO COM GUINDASTE

sua cítara dadaísta
é um verdadeiro
        Tamanduá para
        os cupins inimigos
deitado comendo sushi
na varanda do Inferno
sem data para visitar
        Shiva
enquanto Glauco Mattoso
abençoa as botas
        de alpinismo
        de D'Annunzio
no Parque do
        Carmo você
        reencontrou seu Karma
        de Arcanjo Miguel
com a garrafa de
        conhaque na
        gaveta

Jardim Botânico, 2007

VENTO LUMINOSO

para Fabio Weintraub

o cogumelo tem
    voz de relâmpago
com lábios de cometas
    na hora do crime
o feiticeiro Pé-de-Sapo
    & o garoto bicha teatral
apagam a luz no
    ventre do rinoceronte
onde se esconderam
    da Morte
duas sanfonas se
    descabelam numa
    enxurrada de estrelas

ILHA COMPRIDA

Tu queres ilha: despe-te das coisas.
JORGE DE LIMA

para Mario Pirone

gladiadores adolescentes com seus olhos
        de brasa
cercam teu coração cabeludo
regado com cervejas elétricas
dançando com teu séquito coribante
rumo ao mar & seus tubarões
        violeta
está na hora do anjo Metatron
degolar ninfetas nipônicas
no mangue onde fizemos
        um ebó para Nanã
& toquei tambor com Gustavo
enquanto a Ilha afogava nos
seus lábios de Aurora

Jardim Botânico, 2007

GIRASSOL

para Valesca Dios

o intervalo separa você
      do redondo do horizonte
vento de seda
sol se transformando
      em pássaro
aviões cabeludos arrastam
      o céu na direção
      do universo
a seiva do sonho
      viaja com seus estandartes

São Paulo, 2007

ESCUTA & RESPIRA

para Nando & Quilha

Não mais o Serelepe-açu
o Tauató
a Suçuarana
o grande lago dourado
onde dançam os
nenúfares
O FUTURO É A DITADURA
DO ROSTO HUMANO
que faz empalidecer
as montanhas
rasga a pança
das florestas
O FIM DO MUNDO
SE CHAMA EXPLOSÃO
DEMOGRÁFICA (Pasolini)
nada mais nada menos
que a volta
do Inferno

UFOS PROUSTIANOS NA ESTAÇÃO CENTRAL DOS SONHOS

Quando termina a cidade
Os seres elásticos aparecem
Minha alma resgatada
        Feito um bólido
uiva no espaço
um lago sonoro
um punhal enterrado na
        noite
relâmpagos psicodélicos
forçam os anjos
        a dança do ventre
estrelas loucas
deusas orquídeas
& o jazz rolando das
        montanhas
como uma asa ferida

Mairiporã, 2006

ALECRIM DO CAMPO

para Gyorgy

manhã no campo onde
        a poesia habita o destino
oferecendo homenagem
        ao rei dos Sátiros
gladiadores nus dançam
        com garotos de minissaia
o fauno do lago inspeciona
        o infinito

A IDADE DO MAR

Heliogábalo é uma
        nuvem
com seu charuto
        de rosas
a força da águia
        romana é azul
        & amarela
como o pênis-periscópio
        do submarino
na tarde sem fim

TARDE SABOR DE VINHO

para o Dinho & Jorge Mautner

chupando o pau do
        Saci
duas meninas & um
        garoto ruivo
se deliciam no pasto
        dos búfalos
cochilando debaixo da
        mangueira
dois brasileiros &
um turco sonham
com Mussolini
levando mensagens para
        o Exu de Serviço
sem pressa & rezando
        muito
acabam empacotados
        por duas lagartas
chapadas de haxixe

O CHUTE DO MANDRIL DA MEIA-NOITE

para Zé Celso

O Império Romano
 era assim:
folhas revoltadas revoando
 na Via Appia
garotos & garotas cochilando
 no colo do imperador
deuses sacralizando
 todos os poros
 da Terra
o poeta Virgílio ganhou
 um garoto de
 Augusto
o gladiador PIVOTUS
 mergulhou na bacanal
& até hoje não veio
 à tona para
 tomar fôlego

Jardim Botânico, 2007

SUA EXCELÊNCIA O MARQUÊS DE SADE

Esta sociedade é uma gaiola para os mamíferos.
MICHAEL MCCLURE

fora da tribo
um anjo de outrora
solidão cercada de
        bugigangas
as águias me atravessam
        por todos os lados
os brasões são TOTENS
        contra Eguns
você dança o samba de
        EROS
cavalgando o cometa
        da POESIA

UMA DIMENSÃO EXTREMA

Assemelha-te de novo à tua árvore querida,
a árvore de ampla ramagem, que escuta silenciosa,
suspensa sobre o mar.

NIETZSCHE, *ZARATUSTRA*

A Amazônia está morrendo porque nos recusamos a considerá-la como um repositório de conhecimento tão importante quanto as grandes bibliotecas ocidentais.

PATRICK DROUOT, *O FÍSICO, O XAMÃ E O MÍSTICO*

GUARAPUVU

L'ombre que nous avons laissée
sous l'arbre et qui s'ennuie.
PIERRE REVERDY

Saltando na pista mágica dos
    teus ramos
o xamã-pássaro bebe toda Luz
vento gelado do urso do Norte
vento-fogo do Leste
com sua coroa de joias
crepitando tremores

1998

JUREMA-PRETA

Sou aluno
        das árvores
alma elétrica
        nas veredas mais
                secretas
Catimbó sonâmbulo
        & seus palácios
meu crânio virando brasas
desfolhando meu coração
mananciais transfigurados
        na
        memória

Jardim Tremembé, 1998

GRUMIXAMA

para Gustavo

Eu vejo o dragão
        da energia
no meio do mundo
lagarto violeta do prazer
        igual ao Sol & à Noite
anjos sonâmbulos com esporas
        deslizam na escuridão

1999

ESPINHEIRA-SANTA

planta de cabeceira
          da Deusa
substância
          do tempo
                    & suas cores
ritos lunares
epifanias da seiva
ensinou meu coração a ficar
          em estado de Raio
só sabemos quem somos
          depois de você
                              se mover

1999

IPÊ-ROXO

mão invisível
percorrendo meu sangue
a nuvem respira
no acumulador de orgônio
o dia às vezes
é verde
nas ruas nas flores
nos lagos
de
sonhos novos

1999

PAU-FERRO

Todos os dedos do Sol
nas asas do gavião-peneira
que anjo ou deva pirado assombrou
          a folhagem da sua alma?
a nuvem marcha
o sanhaço lambe o vento no
          corrimão do Mundo
céu esculhambado
licor de aurora boreal
sonho ofegante da árvore-cinema

Parque Anhanguera, 1991

Eruditamos tudo. Esquecemos o gavião-de-penacho.
OSWALD DE ANDRADE, *MANIFESTO DA POESIA PAU-BRASIL*

SINDICATO DA NATUREZA

RELATÓRIO PRA NINGUÉM FINGIR QUE ESQUECEU

Contra tudo que não for loucura ou poesia
JORGE DE LIMA

acordar para mastigar este pastel fúnebre recheado de gritos irados & piqueniques de seriedade frente à morte de García Lorca que em vida teve o bom gosto de dormir com adolescentes & toureiros
acordar para mastigar este pastel fúnebre liquidificador antropófago estrelas do futuro carnificina espiritual de impotentes bostas & lágrimas de crocodilo
o poeta só é celebrado nestas procissões blasfemas enterrado seu coração de carne grávido de vermes vivo poderia cantar vossos filhos & isto a moral que desintegrou Hiroshima condena.

10 de maio de 1922

O poeta russo Essiênin & sua esposa Isadora Duncan são festejados pelos meios literários russos de Berlim, mas ele provoca uma série de escândalos & toma porres todas as noites.

Março de 1925

O poeta Essiênin em Moscou sofre crises de melancolia, invade um recital de poesias, bêbado, urra injúrias & sarcasmos, provoca escândalos & orgias se sucedem.

Setembro de 1925

O poeta Essiênin está em Moscou para preparar a edição de suas obras completas pelas edições do Estado. Ele obtém pagamento antecipado & não para mais de beber. O julgamento severo da crítica fez com que ele sofra cruelmente.

Brasil — Bahia século XVII

Nasce o poeta Gregório de Matos que a uma certa altura de sua vida abandona casa, cargos & encargos & sai pelo Recôncavo povoado de pessoas generosas como contador itinerante, convivendo com todas as camadas da população, metendo-se no meio das festas populares, banqueteando-se sempre que convidado. A violência da sátira do "Boca do Inferno" lhe valeu a deportação para Angola. Gregório de Matos assim é descrito pelo cronista da época: uma cabeleira postiça, um colete de pelica, uma vontade de ficar nu, um escritório adornado com bananas.

Paris 1947

O poeta surrealista Antonin Artaud morre num hospício na mais completa solidão abraçado a um sapato. Depois de 10 anos de eletrochoques, Artaud o Momo tem sua vida confiscada. A França & sua arte lógica estão salvas.

França 1935

O poeta René Crevel põe fim aos seus dias tendo antes tido o cuidado surrealista de espetar um papel com alfinete na lapela escrito: Enojado.

Nestes dias em que meus únicos companheiros foram a música de Jorge Mautner & algum garoto triste conquistado de madrugada em alguma esquina da solidão eu sei que foram vocês que exilaram Gregório de Matos, enforcaram Essiênin, apertaram o revólver musical de René Crevel, internaram Artaud o Momo no manicômio
Hoje os olhos do poeta García Lorca erram nestas planícies assassinadas & gritam com Maiakóvski: Abandonem finalmente a veneração por meio dos jubileus centenários, a homenagem por meio das edições póstumas! Artigos sobre os vivos! Pão para os vivos! Papel para os vivos!

QUEM TEM MEDO DE CAMPOS DE CARVALHO?

É BOM ANOTAR O SEGUINTE: O PATO DA DÚVIDA COM LÁBIOS
DE VERMUTE (LAUTRÉAMONT) LAMBE BAIXO & ESTALA
PREGAS:
É BOM ANOTAR O SEGUINTE: PANDEIRO & ROMÃ NO TABULEIRO
DA VIDA. ROENDO LÁPIS & OLHANDO O TUCANO. ORELHAS
VEGETÁVEIS.
É BOM ANOTAR O SEGUINTE: NO CINEMA A VERTIGEM ELÉTRICA.
EU & MEU AMOR NO LOGRADOURO PÚBIS.
É BOM ANOTAR O SEGUINTE: A SAÚVA NA UVA DO DIA SEGUINTE.
MANHÃ BEM QUENTE. ADEUS.

Dionysos, na Grécia Antiga, era o Deus da vegetação, da orgia, do vinho, da anarquia. Pra começar a falar em Ecologia, precisamos iniciar a gira invocando Dionysos, que traz a renovação da primavera & da vegetação.

É importante lembrar Dionysos neste momento em que a Igreja Católica nos impõe São Francisco de Assis como patrono da Ecologia.

Muitos ecologistas caíram neste conto do vigário, a Igreja Católica esteve do lado dos senhores feudais na Idade Média, da burguesia depois da Revolução Francesa & agora, com sua Teologia da Libertação (ou da Empulhação?), está do lado dos partidos chamados de "esquerda" & dos trabalhadores.

A Igreja Católica só pode viver à sombra do Poder, qualquer Poder. No Brasil, quando chegaram as caravelas de Cabral, o primeiro ato dos padres foi um ato antiecológico: cortaram a primeira árvore brasileira para fazer a cruz da primeira missa.

Ato seguinte converteram & vestiram os índios para melhor escravizá-los. Por isso inaugurando esta coluna gritamos nosso Evoé a Dionysos patrono da Ecologia, da anarquia, do vinho & da orgia.

É preciso não confundir Ecologia com jardinagem.

A Ecologia é uma ramificação da Biologia, que estuda as interações entre os seres vivos & o seu meio ambiente.

Nos anos 1960 quando eu falava de Ecologia, a resposta das pessoas, que se amontoavam em bandos à direita & à esquerda, era sempre uma profissão de fé na própria mediocridade. "Com tanta gente passando fome, esse cara vem falar de natureza." Como se a vida do cretino não dependesse exatamente do equilíbrio ecológico. Os trabalhadores têm a CUT, a CGT. A onça-pintada não tem sindicato. Os rios não têm sindicato. O mar não tem sindicato.

Eles terão agora o seu Sindicato neste cantinho. Crie você também com os colegas do bairro, do serviço, do clube, um SINDICATO DA NATUREZA. Nosso lema será sempre AMOR, POESIA & LIBERDADE. A diversidade é a Verdade. Viva a diferença! Evoé!

PRISIONEIROS,
DEGREDADOS,
SODOMITAS,
HERÉTICOS,
PIRATAS,
ESTE PAÍS
NASCEU DA
ANARQUIA.
TIVEMOS
TODAS AS
OPORTUNIDADES
PARA VIVER O
MATRIARCADO
DE PINDORAMA,
SUA POESIA &
SEU MITO.
ENTREGAMOS
NOSSA
LIBERDADE
NAS MÃOS
EUNUCAS DA
IGREJA CATÓLICA,
DOS ACADÊMICOS
& DOS
ESQUERDISTAS
DE PAU PEQUENO

Mairiporã, 1990

Na última entrevista concedida à grande imprensa nos meados dos anos 1950, o filósofo Martin Heidegger, perguntado sobre o que ele achava da Bomba Atômica, respondeu: "Qual delas? Esta de agora, ou aquela que explodiu há 2 mil anos?". "Como assim?", perguntaram os jornalistas atônitos. Heidegger acrescentou: "Pois quando Cristo falou: 'Meu reino não é deste mundo', ele detonou a primeira Bomba Atômica".

De fato, a visão do mundo judaico-cristã, com seu Deus situado fora do Tempo & do Espaço imobilizado na Eternidade, representa a concepção mais antiecológica de que temos notícia. "Meu reino não é deste mundo" significa que o mundo poderá estar entregue a todo tipo de devastação, quer por bombas, agrotóxicos, industrialização etc., pois para este ponto de vista o planeta Terra é um lugar de passagem, um "vale de lágrimas", um lugar de expiação.

Não é sem motivo que os romanos perseguiam os cristãos sob a acusação de que eram ateus, pois não adoravam os deuses do panteão romano cada um deles representando uma paixão humana ou deusas agrárias representando a fertilidade & generosidade da Terra, como Ceres & Cibele, sem falar de Baco (Dionísios para os gregos), deus da uva, do vinho & das bacanais que na Grécia & Roma tinham um sentido religioso. Com o advento do Cristianismo, ocorreu a dessacralização do mundo, que para os pagãos era povoado de deuses. "O que for feito à Terra, recairá sobre os filhos da Terra" diz o ditado dos índios peles-vermelhas, adoradores do peiote, do Sol, da Lua, do coiote & do falcão. Amnésico & anestesiado pela civilização urbana industrial, robotizado em seus sentimentos, limitado em sua visão pelos edifícios & muros das cidades o homem moderno não sente mais a alegria cósmica & pagã de participar de um nascer do sol, de um crepúsculo, do silêncio das ilhas perfumadas, do instinto, da imensidão dos mares silenciosos, das estrelas. Reprimindo a criança que existe nele, o homem moderno aniquila os deuses do júbilo em seu coração. Deixa de improvisar sua vida, enquadrando-se na marcha uniforme da sociedade organizada & vestida.

intelectual brasileiro entra
em partido político pra lavar chão.
pra ser Devoto. Pasolini entrou em
partido político pra criticar,
pra esculhambar.
os poetas deixaram de ser bruxos
pra serem broxas.
fantasmas-eunucos deste teatro
de Sombras que é a
sociedade Industrial,
bibelôs de consumo devidamente
etiquetados & vacinados
contra a Raiva.
a nossa viagem xamânica começa
agora:
para as praias desertas & florestas
do mundo, rumo ao centro da Terra
cidade lúcida & quente.

Ilha Comprida, 1990

MANIFESTO DO PARTIDO SURREALISTA-NATURAL

para Arthur Bispo do Rosário
& Immanuel Velikovsky

A alegria é a prova dos 1990
ZÉ CELSO

Mágicos de todo o mundo, uni-vos!
WILLIAM BURROUGHS

+ XAMANISMO + ARTAUD + RIMBAUD + LAMANTIA + LAUTRÉAMONT + STIRNER + FÍSICA QUÂNTICA + ECOSSISTEMAS INTOCADOS + PLANTAS ALUCINÓGENAS + CANDOMBLÉ + AROMATERAPIA + ERVAS MEDICINAIS + DROGAS PSICODÉLICAS + RITUAIS DE TERROR + YOGA TÂNTRICA + DIONISISMO ORACULAR + INVENÇÃO DE ORFEU + COLTRANE + JOHNNY ALF + JOBIM + EGBERTO + HERMETO + CAZUZA + ORGIA TÂNTRICA + CATIMBÓ + UZYNA UZONA + TERREIRO ELETRÔNICA + EDGAR CAYCE + ELIPHAS LEVI + POESIA CÓSMICA + PARACELSO + H. P. LOVECRAFT + ROBERT SHEKLEY + POLÍTICA DO ÊXTASE + GRANDE SERTÃO + MESCALINA MANÍACA DE MICHAUX + OSCARITO + GRAFITES SAGRADOS DE JOHN HOWARD & MAURÍCIO VILAÇA + ANARQUISTAS COROADOS + CRUMB + ANGELI + MILO MANARA + PETRÔNIO + PAISAGENS DESUMANAS + FABRE D'OLIVET + JIM MORRISON + MESA DOS ORIXÁS + BENÉ FONTELES + PIRAHY + RUBEM VALENTIM + WESLEY + CHAPADA DOS GUIMARÃES + IGUAPE + JUREIA + TAMBORES DA NOITE + MAGIA + MIRONGAS + MANDINGAS + CARMINHA LEVY & OS NOVOS XAMÃS + AMOR + HUMOR + TAO DA FÍSICA + FRANK O'HARA +

ALEISTER CROWLEY + LIVRO DOS MORTOS + BARDO TODOL + IMAGENS DO INCONSCIENTE + RELIGIÃO DOS TUPINAMBÁS + CREVEL + GAROTOS CAIÇARAS + GAVIÃO PRETO + HILDA HILST PORNÔ + EXPRESSIONISMO ALEMÃO + FERENCZI + PASOLINI + ARQUÉTIPOS + CONHECIMENTO ILUMINAÇÃO + MISTÉRIOS ELEUSIS + HELIOGÁBALO & SEUS VESTIDOS DE GAROTO LUZ + AMANITA MUSCARIA + RODRIGO DE HARO & SUA POESIA DE SEGREDOS + JOÃOZINHO TRINTA + ALMA SAXTENORIZADA DA BEAT + REVERDY + ARQUIVOS INSÓLITOS DE GYORGY FORRAI + SERRA DO MAR + JACOB BOEHME + YANOMAMI + SIGNATURA RERUM + BOB KAUFMAN + OBRA EM NEGRO + SANDRO PENNA + DINO CAMPANA + RELAÇÃO ERÓTICA COM O MUNDO + DANTE + FEIJÃO PRETO + SAUNAS + FUTEBOL DE VÁRZEA + AFOXÉ DE JORGE MAUTNER + CONTROLE DEMOGRÁFICO + AVES DE RAPINA + ARRUDA + COGUMELO + JUREMA + MALCOLM DE CHAZAL + KURT SELIGMAN + ARRABALDES + ÓVNIS + PAIXÃO + TESÃO + ANARQUIA + MOQUECA DE PEIXE + BEIJOS NO ESCURO + FODAS SOLARES + PRAIAS DESERTAS + DANÇA + VINHO + RALPH CAMARGO & O TARÔ DE TERESÓPOLIS + TRIBO PRESENTE FUTURA DOS DELIRANTES CAVALEIROS APAIXONADOS CARNAVALESCOS BACANTES DA ORGIA PERMANENTE

EVOÉ LAROIÊ ▪ JUQUITIBA 1990

P.S. + CIDADES VARRIDAS PELO VENTO + MINGUS + CAPITÃO PEIOTE + SILÊNCIO DE LUVAS DE BOX + TALENTOS SELVAGENS + EXU + XIVA + ALEGRIA PÂNICA + ESCOLA DE SAMBA + BOYS DE KONSTANTINOS KAVÁFIS + ILHA COMPRIDA DE ESMERALDA MISTERIOSA + LIVRO DAS MUTAÇÕES + TRIBOS SALVAS DA PESTE TECNOLÓGICA + DEMÔNIOS DE BAKÚNIN + FLOR NEGRA + GIBIS DEBOCHADOS DE TONINHO MENDES + MARSICANO & A CÍTARA DO CAOS INTERIOR + VEREDAS QUE DESEMBOCAM NUMA PAISAGEM DE SONHO + BIVAR & SEUS VERDES VALES + GAROTOS PÁSSAROS DE PAÚBAS + JOÃO S. TREVISAN & GLAUCO MATTOSO + NÉVOA DAS ESTRADAS + COZINHA DO DECA + FLUIDO MÁGICO DO CORPO + BICELLI & SUA POESIA QUERMESSE & CAMINHO DO XAMÃ + HÉLICES DO MARAVILHOSO + BAGANAS VULCÂNICAS + SOL + CHUVA + FRIO + CALOR + MÁRIO PIRONE & SEUS PERFUMES DO CORAÇÃO NEGRO + ANTONIO & SEU FESTIVAL DE VIDA + RELVA SOBREVIVENTE + PINHEIROS DE ITAPECERICA + OLHOS SONOROS DE FLÁVIO + BAGAGENS DE CHUVA NO AVIÃO SORVETE + POLÍTICA DO MISTÉRIO + UVAS + SONHOS + VISÕES + DIONÍSIO GRITANDO BÊBADO & DROGADO NO PARAÍSO

TODO POETA É MARGINAL, DESDE QUE FOI EXPULSO DA REPÚBLICA DE PLATÃO.

O JOGO GRATUITO DA POESIA

Há campos para todos. Caminhos não marcados a ninguém...
HÖLDERLIN

O fazer poético passa pelo corpo e pela cama. "A poesia se faz na cama como o amor...", isto para começar a conversa. A palavra registrada em livro é a mera extensão (sublimada) do que sobrou da Orgia. Todos nós somos labaredas provocadas pelo curto-circuito do Desejo. O resto é balacobaco, isto é, literatura. Dante é pra ser relido numa sauna, rodeado de adolescentes. Não num escritório-abrigo-antiatômico. O vampirismo descobriu o desbunde, o marxismo e a linguagem caricata. Henri Michaux já deu o recado: Conhecimento através dos abismos. Inferno, Purgatório e Paraíso são uma coisa só. Mastigue cogumelos e Veja. Nenhuma regra: Ver com os olhos livres. Assim o curumim aprendeu o gosto de todos os espíritos. O assassinato também pode ser a ordem do dia. A blasfêmia e o roubo. Veja o episódio Vanni Fucci no Inferno de Dante. Gíria da pesada de malandro medieval. Mimetismo. Para uma estética da crueldade. Como diz Edoardo Sanguineti, "O Surrealismo é o fantasma que, com toda a justiça, persegue as vanguardas e lhes nega um sono tranquilo". Com a costela do Kapitalismo foi criada a Panaceia Socialista. O Forró Nuclear é a medida da Riqueza das Nações. As soluções em Poesia são individuais e não coletivas. Eu estou com Gilberto Vasconcellos: depois que joguei a obra completa de Marx pela janela, comecei a compreender o Brasil. Fora isto o seguinte: Poesia é uma forma de conhecimento que vê através de objetos opacos, como uma viagem de LSD e estados mediúnicos de levitação. Xamanismo, linguagem da Sibila de Cumas e cantos de caça de povos "primitivos", poesia é uma atividade lúdica em que está empenhada sua vida, sua morte, a felicidade e principalmente o jogo. O jogo gratuito de todas as coisas. Por acaso, eis a origem de todas as coisas, diz Nietzsche. Não devemos excluir autoritariamente, como censor barato, nem os que se dizem marginais e não são e nem os que pensam que são marginais e são escriturários. Os Hitlers e Castros da vida já fizeram isso com muito mais eficiência. A Poesia é a mais fascinante orgia ao alcance do homem. E como diz Hegel, "A Orgia báquica da história será vivida por cada um de seus membros".

FRAGMENTOS POÉTICOS

o Amor é claro como uma lágrima
a morte o silêncio, epifania das rosas que desfolham
cobra mascarada enroscada num
hiato do Verão

mar calmo & partidas crédulas
Vento amarelo do Sonho
          contornando coxas estendidas na manhã

olhos negros do garoto & seus sonhos
borboleta-mil-patas esvoaçando na agonia
onde eu vi um deus
Villon, o vento sul cola no teu olho
          uma bela concha
garoto de olhos negros, maturação de um outro mundo
sexo novo, tráfico entre sol & lua

ratos roerão teus ossos
metatarsos traçando ilusões
      boca estourada na sinistra
      risada da caveira
botas grosseiras pisam
o lindo olho
de um garoto vadio

a poesia é perigosa
flores mugem
nuvem rosada rosna
sobre o telhado de taipas
o garoto dilacera o sexo
de Deus numa dentada
relógios desabam do décimo andar
fogueiras propiciatórias enroscam suas línguas nas coxas que
[fogem
canhões cospem cazzos compridos
a poesia é perigosa
a cidade num espasmo lunar se contrai & explode

garoto negro
dance dentro dos meus olhos
labareda expressionista na colina verdejante
altar de um culto pagão
muito louco
& dinástico

Teólogo, até logo
vou pelos mares sorridentes
tripas ao vento
nas colinas salgadas do verão

o garoto caiçara
vê o gavião-pinhé rodopiando no céu verde
vento ártico inflama ondas cinzentas sob o barco
tainhas gritam comendo flores
o sol geme sua dança de chamas retorcidas

teu beijo com gosto de peixe
navega na minha boca feiticeira
fodemos em pleno mar cor de pradaria
garoto de mel & primavera
último dos deuses

cara
caralho
carnaval da carne
carnaval do corpo roído pelo espaço
carnaval com estandarte
carnaval na presença do vulcão & do garoto não arrependido

Qui prend l'encens de l'âme et les roses du corps,
Qui simbolise un lys et que l'enfant enseigne.
GERMAIN NOUVEAU

era a febre atravessando folhagens do silêncio
era a febre no teu corpo bobo de adolescente complicado
balançando feito uma rosa
nos mamilos do verão

essa atividade muscular chamada poesia
anos de selvageria & paisagens
totens de neon carrancudos

eu sou uma criatura do jazz eterno
esperma-neon no céu noturno
meu sexo de metal free
meus olhos de benzedrina cool
transitório insone trepidante

LOVE IS MONEY, CARÍSSIMO

A foca amestrada da realidade saltou com tudo no meu
[apartamento
"Love is money, caríssimo", trombeteou, batendo as nadadeiras
Eu flutuava no carpete-verbena feito com sangue dos anjos
deitado no nada da perfeição
como a onça no ombro vegetal da floresta
olhando o céu através das cortinas
com meus olhos de carne-skate dos cometas

POEMA

As teorias passam. A rã fica.

JEAN ROSTAND, *CARNETS D'UN BIOLOGISTE*

O que importa é a porta
cancerosos estudantes de semiótica
não o buraco negro da fechadura
na rigidez apolínea dos esquifes
importa é vento além da porta que ainda ulula no horizonte
gravatas de maconha enlaçadas na aurora
centauros trotando no porre das avenidas
cometas nas praias silenciosas
Eu quero tocar o tambor nesta orgia de claridades
circular na roda-gigante do coração do garoto punk
onde a tribo do futuro cochila
            esperando o sinal do Ataque

FORTUNA CRÍTICA

MAIS SOBRE ROBERTO PIVA

CLAUDIO WILLER

ROBERTO PIVA deve ser examinado por sua poesia, e também pela contribuição como fonte de informações, seja pelas citações e referências bibliográficas apresentadas em seus escritos, seja pela sua própria pessoa. Já foi observada a distinção entre estudar Piva e fazer propaganda de sua obra. Pois bem: ninguém fez mais propaganda de leituras que ele: "Tem que ler Rimbaud...!", entusiástico, a quem era apresentado. "Esgotei Nietzsche...!", quando o conheci, no final de 1959. E a série de valiosas indicações, através de telefonemas: "Olha, tem um autor bom, Herbert Marcuse, *Eros e civilização*"; "Tem um livro que você precisa ler, *O arco e a lira*, de Octavio Paz". Recomendações pioneiras, antes de esses autores ganharem popularidade.

Na ponta das indicações, surrealismo. Ao telefone, lendo e comentando trechos de *La Liberté ou l'amour*, de Robert Desnos; em 1963, maravilhado com o Bébé Cadum. Avisava: "Tem a tradução portuguesa de *O amor louco*, de Breton, na Livraria Lorca". Mais tarde: "Achei as entrevistas do Breton, *Entrétiens*". E isso, até o final: "Você tem que ler *A literatura e os deuses*, de Roberto Calasso! O capítulo sobre Lautréamont! 'Elucubrações de um serial killer!'". "Na Livraria Cultura tem *História da filosofia oculta*, do Alexandrian!" e por aí afora, em cinco décadas de telefonemas indicando e comentando livros — para mim e para seus demais amigos e interlocutores.

Ainda no registro de contribuições, vale destacar seu modo de praticar a sociabilidade. Apresentava pessoas nas quais via qualidades. Desde o período de efusão, coincidindo com a criação da coleção Novíssimos por Massao Ohno, em 1960, foi formando uma espécie de confraria, composta de pessoas nas quais via algum motivo para o interesse. Boa parte dos meus amigos até hoje, além dos que já partiram, eu conheci através dele.

Nas entrevistas, Piva sempre disse que cresceu no campo, em uma fazenda (destaco a edição de suas entrevistas em livro de 2009[1] e o *Os dentes da memória*, de 2011).[2] Nunca mencionou — exceto em uma prolongada evocação, uma vez em que me visitava — haver sido aluno de internato, no Colégio Mackenzie. Recalcou, acho. Vejo uma dualidade de base entre as duas experiências, de liberdade e confinamento. Delas, emergiu o rebelde, expulso de sucessivos colégios. Ganharia notoriedade, ao mesmo tempo, por sua cultura e como membro de um grupo selvagem, de arrombadores de festas e outras façanhas, e por suas notórias preferências sexuais. Completaria o segundo ciclo mais tarde, em supletivos no início dos anos 1970, para formar-se em sociologia — cursava pela manhã a faculdade de estudos sociais em Guarulhos, chegava lá de carona com Roberto Bicelli, que fez letras, e à noite cursava a Escola de Sociologia e Política. Isso, para lecionar por algum tempo, premido pela necessidade de sustento financeiro, após tentativas de organizar shows de conjuntos de rock e trabalhar em agências de publicidade.

1 *Encontros: Roberto Piva*. Org. de Sergio Cohn. Rio de Janeiro: Azougue, 2009.

2 *Os dentes da memória: Piva, Willer, Franceschi, Bicelli e uma trajetória paulista de poesia*. Org. de Camila Hungria e Renata D'Elia. São Paulo: Azougue, 2011.

Mas levou o autodidatismo ao limite. Nas leituras, penso, encontrou uma solução da antinomia entre os dois mundos, da natureza já então erotizada e das instituições, colégio interno inclusive. Em comum com tantos outros autores, o impacto de Dostoiévski, seguido de Nietzsche, Hegel, Heidegger. E clássicos, incluindo o curso sobre Dante Alighieri por Edoardo Bizzarri no Istituto Italiano di Cultura. Achava raridades — em uma das entrevistas, apresenta-se como leitor de Cecco Angiolieri, integrante menos conhecido do Dolce Stil Nuovo.

A destacar, sua memória. Ao encontrá-lo, punha-se a dizer passagens de *Invenção de Orfeu*, de Jorge de Lima, ou do *Poeta em Nova York*, de Lorca. Episódio exemplar, já no final dos anos 1970, quando, completamente bêbados após um lançamento, recebidos por Marilda Rebouças, conhecemos Italo Mauro, que preparava a tradução da *Divina comédia* de Dante, que sairia pela Editora 34. "Ah, você está traduzindo Dante?" — e citou uma passagem da *Comédia*; Italo, imediatamente, a prosseguiu; Piva, por sua vez, continuou; e assim ficaram, qual repentistas modernos, dizendo passagens de Dante de memória, até Piva desabar de vez e adormecer pesadamente no sofá.

Quando o conheci, a geração beat estava no foco do interesse. Piva chegava a usar a expressão "perfeito beatnik" para referir-se a alguém que o impressionava: "Willer, conheci um perfeito beatnik! Rodrigo de Haro...!", ao retornar de uma viagem a Florianópolis. Mas nossa informação era mais por matérias jornalísticas e publicações esparsas,[3] até o momento em que ele fez que chegasse, através de uma providencial tia que viajava, uma pilha de edições da City Lights e outras editoras in-

3 Por volta de 1960, havia em São Paulo uma livraria esplêndida com pockets, o Palácio do Livro, na avenida Ipiranga. Lá achei *On the Road* e *The Dharma Bums*, de Kerouac.

dependentes dos Estados Unidos. O elenco completo: *Beat Scene*, Allen Ginsberg, Gregory Corso, Michael McClure, Gary Snyder, Philip Lamantia, Lawrence Ferlinghetti, e um *Destroyed Works*, de Philip Lamantia, o beat-surreal americano. Lamantia (David de Angeli em *Anjos da desolação*, de Kerouac), ainda adolescente, havia sido descoberto e publicado por surrealistas na década de 1940; sofria de transtorno bipolar e alternava imagens poéticas delirantes e períodos de recolhimento religioso. Na Biblioteca Roberto Piva, no acervo organizado por Gabriel Kolyniak e colaboradores, há uma rara coletânea italiana de Lamantia. E, entre outros títulos de interesse, *The Portable Kerouac*, de Ann Charters: aprendeu inglês lendo os beats.[4]

As relações entre as duas grandes rebeliões fundadas na poesia do século XX, surrealismo e beat, foram enviesadas. Breton certamente não teria aguentado Ginsberg, que, por sua vez, seguidor de uma poética muito mais próxima ao objetivismo inspirado em Ezra Pound, alternou referências críticas e elogios ao movimento francês. Eles se encontram, e atribuo importância histórica a isso, em *Paranoia*, de Piva. Designou seu livro de estreia como "beat-surreal" — em entrevistas e no documentário *Uma outra cidade*, de Ugo Giorgetti. Antes de *Paranoia*, diretamente inspirado no formato de *Bomb...!*, de Gregory Corso, lançou a "Ode a Fernando Pessoa" em uma extensa tira publicada por Massao Ohno. Seus primeiros manifestos — "Bules, bílis & bolas", "A catedral da desordem", "A máquina de matar o tempo" — também são beat-surreais: as séries de pares opostos, transposição das antinomias opondo *squares* e *hipsters* em *The White Negro*, de *Advertisements for Myself*, de Norman Mailer.

4 Piva não sabia inglês — aprendeu lendo os beats, como o atesta um exemplar de *The Portable Kerouac* de Ann Charters, na mesma biblioteca.

Chamam a atenção, em *Paranoia*, as imagens vertiginosas, levando ao limite a aproximação de realidades distantes. Até hoje, ler o livro todo provoca tonturas. Como é possível, pergunto-me, alguém inventar "meu epiciclo de centopeias libertas"? Epiciclos, na representação do universo aristotélico-tomista, de Ptolomeu, seriam órbitas menores descritas pelos planetas para se ajustarem ao modelo geocêntrico. Imaginem uma quantidade de centopeias revoluteando desse modo — algo pavoroso. Ou então, "nas boates onde comias picles e lias Santo Anselmo". Precursor do tomismo, Santo Anselmo teve um papel relevante no debate sobre investiduras, autorizações do papa para que alguém pudesse ser rei: o oposto das simpatias de Piva ao declarar-se leitor de místicos como Jacob Böhme ou Ângelus Silesius. Esses extremos da aproximação de incompatibilidades ao lado de imagens mais descritivas — "terraços ornados com samambaias e suicídios" ou "jovens pederastas embebidos em lilás" — e blasfêmias — "a virgem banha sua bunda imaculada na pia batismal". Isso, entremeado de frases com uma ironia ou humor característico: "defuntos acesos tagarelam mansamente ao pé de um cartão de visitas".

Piva declarou várias vezes que o título *Paranoia* é alusão à "paranoia crítica" de Salvador Dalí — a percepção alucinatória de uma realidade, transfigurada pelo delírio racional. Aplica-se ao modo como descreve a rua São Luís, a praça da República, a rua das Palmeiras e outros lugares da região central de São Paulo, por onde, flâneur diuturno, circulava, de um modo bem registrado pelas fotos de Wesley Duke Lee para a edição original do livro. Encontrava-se com um grupo de rapazes na praça da República; a cena de todos subindo em uma árvore reproduz o que realmente aconteceu, após fumarem algo.

Mas há outra interpretação para esse título, que lembra *Gasoline!*, de Gregory Corso (que fazia parte da já mencionada pilha beat): Piva escolheu, como provocação, uma expressão que não tivesse lugar elevado na escala do "poético".

Já se escreveu bastante sobre os decalques do *Uivo*, de Allen Ginsberg em *Paranoia*. "A Piedade", poema com o qual abria leituras como se estivesse se apresentando, é adaptação/ampliação do trecho sobre seriedade em "América". Em "No parque Ibirapuera", Mário de Andrade está no lugar de Walt Whitman em "Um supermercado na Califórnia". Adiciono uma comparação. Em "O Volume do Grito", de *Paranoia*:

relógios podres turbinas invisíveis burocracias de cinza
cérebros blindados alambiques cegos viadutos demoníacos
capitais fora do Tempo e do Espaço e uma Sociedade Anônima
regendo a ilusão da perfeita Bondade

Na segunda parte de "Uivo", de Ginsberg:

Moloch! Moloch! Apartamentos de robôs! subúrbios invisíveis!
[Tesouros de esqueletos!
capitais cegas! indústrias demoníacas! nações espectrais! invencíveis
hospícios! caralhos de granito! bombas monstruosas!

Ginsberg prossegue no mesmo ritmo e versificação, com as mesmas imagens apocalípticas. Piva muda:

os gramofones dançam no cais
o Espírito Puro vomita um aplauso antiaéreo
o Homem Aritmético conta em voz alta os minutos que nos faltam
contemplando a bomba atômica como se fosse seu espelho

Foi mostrado, a propósito das afinidades da poesia de Ginsberg e *Paranoia*, que Piva pretendia fazer poesia pública, para ser lida em voz alta;[5] isso, lembrando as consequências da primeira apresentação de *Uivo* na mítica leitura na Six Gallery em outubro de 1955, evento que desencadeou a geração beat. Vale também para sua afinidade com *Um poeta em Nova York*, de García Lorca, consagrado declamador (apresentou esse livro em uma leitura em 1933, antes de publicá-lo). Mas cabe, penso, introduzir uma espécie de contraponto: o poema deveria ser detestado pelo público. É o caso de *Bomba*, de Gregory Corso: criado em 1958, vaiado em sua primeira leitura pública em Londres, em 1960, a ponto de jogarem um sapato no poeta — alguns presentes não toleraram sua irônica argumentação de que tanto fazia morrer em uma catástrofe nuclear ou de algum outro modo.[6]

Já havia observado essa presença de Corso em Piva. Por exemplo, compare-se, de *Paranoia*,

> *Eu queria ver as caras dos estranhos embaixadores da Bondade*
> *[quando me*
> *vissem passar entre as rosas de lama firmentando nas*
> *[ruelas onde*
> *a Morte é tal qual uma porrada*

E Corso, em *Lady Vestal*:

> *Eu conheci as estranhas enfermeiras da Amabilidade,*
> *eu as vi beijar aos doentes, atender aos velhos,*
> *dar doces aos loucos!*[7]

5 Danilo Monteiro, *Teatralidade da palavra poética em* Paranoia, *de Roberto Piva*. São Paulo: FFLCH-USP, 2010. Dissertação (Mestrado em Teoria Literária e Literatura Comparada) e em vários trabalhos subsequentes.

6 O episódio é relatado em *The Beat Hotel*, de Barry Miles; as citações a seguir são da boa edição brasileira: *Gregory Corso: Antologia poética*, sel., trad. e notas Márcio Simões. São Pedro de Alcântara, SC: Nephelibata, 2013.

7 Essas comparações já estão em meu artigo "Roberto Piva e a poesia", *Revista*

Se for para enveredar pelo comparatismo literário, o autor a ser mais lembrado a propósito de Piva, penso, é o Rimbaud de *Iluminações*, pelas imagens compostas, através das quais a relação de significação é inteiramente abolida, como estas:

> *Iguais a um deus de enormes olhos azuis e formas de neve, o mar e*
> *[o céu atraem*
> *para os terraços de mármore a turba de jovens e fortes rosas.*[8]

Mas *Paranoia* é marcado pela ambivalência, outro traço em comum com Rimbaud: ao mesmo tempo, poema para ser amado e detestado pelo público. Promove o encontro de um poeta carismático como Ginsberg e outro frequentemente insuportável, como Corso.[9] Isso pode ter contribuído para o modo como foi recebido. A liberdade vocabular, bastante inspirada em Ginsberg, e blasfêmias como "anjos de Rilke dando o cu nos mictórios" fizeram que a geração de 45, então dominante na cena literária, esfriasse de vez conosco. Formalistas e os militantes mais engajados, voltados para a mensagem, tampouco apreciaram.

O livro seguinte, *Piazzas*, é intimista. São citados nomes de interlocutores.[10] Nos poemas em prosa, são frequentes as séries de imagens encadeadas, das quais o mais importante precedente, além dos vertiginosos "belo como" de Lautréamont, está em passagens de *Iluminações*, de Rimbaud, como aquela já citada aqui. A tese de Ricardo Mendes Mattos, *Roberto Piva: Derivas políticas,*

Triplov de Artes, Religiões e Ciências, nova série, n. 2, 2010. Disponível em: <https://www.triplov.com/novaserie.revista/numero_02/claudio_willer/index.html>. Acesso em: 25 jan. 2022.

8 Na tradução de Ivo Barroso.

9 O modo de comportar-se de Corso é bem relatado em *The Beat Hotel*, de Barry Miles, entre outras fontes.

10 Dois jovens irmãos frequentados por Piva, Claude e Jean, nos poemas, e o meu no posfácio.

devires eróticos & delírios místicos,[11] decifra *Piazzas*. É um livro submerso; encontro das teses do psicanalista Sandor Ferenczi sobre uma nostalgia recalcada da origem no meio aquático; de *Atlantis*, de Hart Crane, também embaixo d'água, assim como a série "Heliogábalo", uma série de poemas em prosa que remete não apenas ao livro de Artaud, mas ao *Algabaal*, de Stefan George, que termina com o devasso imperador-adolescente submerso. Refere-se ainda a Namor, o Príncipe Submarino das tiras em quadrinhos. Isso, lembrando que o território utópico de Platão, a Atlântida, teria afundado e repousa sob a água.

O modo de criar e escrever de Piva suscitou comentários. Já se falou em "surtos". Há, contudo, que distinguir entre duas coisas: poemas e livros. Grande é a sua quantidade de esparsos e dispersos. Criava constantemente. Boa parte, perdia ou descartava. Algo, salvei — como o corajoso "O hino do futuro é paradisíaco", de 1977, sobre a tortura de presos políticos pelo regime militar, apresentado por ele em um lançamento.[12] Datilografei o manuscrito e o publiquei no jornal *Versus*, de Marcos Faerman; mais recentemente, em meu blog.

A propósito de um poema como esse, e outros textos publicados em *Versus*, cabem observações sobre a aparente virada de fio de Piva desde os anos 1980, proclamando-se monarquista e contendor das esquerdas, após declarar-se marxista durante duas décadas. Ele sempre se situava do outro lado, à margem. De esquerda durante o regime militar, aparentemente à direita a partir da redemocratização. Um adepto das rebeliões de elite: apreciador de figuras como Von Stauffenberg (o aristocrata que tentou matar Hitler), leitor de Spengler, tinha a capacidade de transportar-se para outras épocas, bem longe da sociedade burguesa que abominava.

11 São Paulo: IP-USP, 2015 (Doutorado em Psicologia Social).
12 De *Antes que eu me esqueça*, de Roberto Bicelli, no final de 1977. Trechos da leitura estão no documentário com o mesmo título de Jairo Ferreira.

Há, na relação de Piva com seus escritos, episódios cômicos. Por exemplo, como me relatou Roberto Bicelli, a gênese de *Abra os olhos & diga Ah!*, seu exultante terceiro livro, lançado em 1976. O poeta simplesmente deu o original de presente para um rapaz; sua mãe viu aquilo e jogou fora. "Não faz mal, escrevo outro", disse Piva para Bicelli.

Em 1978, aventurei-me em publicações; resolvi editar outros poetas. "Ah, você está publicando? Então vou escrever um livro!", exclamou Piva. E criou *Coxas*. Lia-me ao telefone trechos da saga de adolescentes que criavam uma confraria, inspirada em *Wild Boys*, de William Burroughs, logo após escrevê-los.

Já comentei, sobre esse livro, a mudança de tom: começa relatando as aventuras da confraria Osso & Liberdade, composta de jovens leitores de Dante e *Macunaíma*, de Mário de Andrade, que partem em busca do Andrógino Antropocósmico. Achado, o andrógino é morto. Em seguida, virando a página, Piva está em um bar, em São Paulo (para ser mais preciso, o bar Joly, no final da avenida Paulista, ponto de encontro ao lado da então livraria Kairós). E oferece uma série alternada de poemas em linguagem direta, elegíacos, como "Antinoo & Adriano" e "A vida me carrega no ar como um gigantesco abutre", e outros em prosa, que são os mais delirantes que escreveu, como "Sbornia filamentosa". Interpretei como aversão de Piva ao discursivo: não suportaria criar um relato com começo, meio e fim. Interpretação melhor é a de Ricardo Mendes Mattos, na tese citada: nos mitos, para a instauração do mundo, é necessário um sacrifício; no caso, do Andrógino primordial, símbolo da unidade em Platão (entre tantas outras fontes). Uma vez consumado o sacrifício, o protagonista está no mundo "real", do aqui e agora; na São Paulo de 1978, por onde perambula, fazendo-se acompanhar pelo marquês de Sade.

Um tópico também merecedor de exame é o do xamanismo em Piva, tema de alguns bons trabalhos.[13] Mas cabe perguntar sobre a emergência algo tardia das menções ao sacerdote ou mago tribal: apenas na década de 1990, com os luminosos poemas de *Ciclones*. Ele já conhecia bem a contribuição de Mircea Eliade; lia o historiador das religiões desde os anos 1960, além de outros autores que trataram do tema. Mas referia-se sempre ao pajé, não ao xamã. Aparentemente, para autorizar-se a usar o termo e apresentar-se como poeta xamânico — fez leituras de *Ciclones* vestido de branco, acompanhado de dois rapazes seus amigos, soando instrumentos de percussão —, precisou de duas viagens iniciáticas ao inferno. A primeira, declarada, de *20 poemas com brócoli*. Mas aquele inferno prazeroso, sugerido por uma sauna de subúrbio frequentada por rapazes, não bastou. Procedeu a uma segunda descida em *Quizumba*: seu livro mais extravagante e delirante, no qual palavras são substituídas, em algumas passagens, por glossolalias, e são uma constante os encontros com o Demo através de referências não só a Dante (inclusive o "*Pape Satàn! Pape Satàn!*" do final do *Inferno*), mas a Guimarães Rosa e ao "Exu comeu Tarobá", o ritual de magia dos *Poemas negros*, de Jorge de Lima. Acredito que tenha contribuído para a superação de uma forte crise, também, o diálogo com Marco Antônio de Ossain, um culto babalaô, homenageado no "Poema vertigem", em *Ciclones*.

A mudança de tom irá coincidir com uma espécie de recuperação na década de 1990. Após parecer candidato seguro a um quadro de alcoolismo, modera-se; por anos ausente da cena literária, exceto pelas contribuições para a revista *Chiclete com Banana* de Toninho Mendes, volta a apresentar-se em lei-

13 Recomendo, especialmente, *Deixe a visão chegar: A poética xamânica de Roberto Piva*, de José Juva, inicialmente dissertação de mestrado em Teoria da Literatura (Recife: CAC-UFPE, 2011) e depois livro (Rio de Janeiro: Multifoco, 2012).

turas de poesia, palestras e oficinas literárias (seus "encontros órficos"). A circulação da poesia amplia-se, com a contribuição importante da revista *Azougue*, de Sergio Cohn e amigos. Há um ciclo de recuperação que culmina e se encerra em 1997. Naquele ano, lançou com sucesso *Ciclones*; ampliou a presença em eventos; e começa a ganhar alguma fortuna crítica. Mas apresenta os sintomas do mal de Parkinson que apressaria seu fim; e morre, inopinadamente, Marco Antônio de Ossain.

Seu último livro, *Estranhos sinais de Saturno*, ilustra esse período. É um hino à amizade: todos os poemas têm dedicatória, em oposição a *Paranoia*, em que ninguém é nominalmente citado. Não abre mão do xamanismo, e termina com poemas para o gavião-de-penacho, animal-totem, e as plantas sagradas, como a jurema. Mas proclama-se o poeta "*na* cidade", e não "*da* cidade"; uma metrópole que é cenário de horror, conforme descrito em um poema como "Bilhete para o Bivar".

Um dos seus manifestos se intitula *O século XXI me dará razão*. Certeiro como previsão. Em 2000, a reedição de *Paranoia*, pelo Instituto Moreira Salles; em seguida, os volumes de sua *Obra reunida*; as participações em antologias, das quais antes estava inteiramente ausente; algumas traduções; a sucessão de teses, dissertações e ensaios, configurando-o como poeta não apenas lido, mas estudado; documentários como *Uma outra cidade*, de Ugo Giorgetti, e *Assombração urbana*, de Valesca Dios; versões ou adaptações para teatro e dança.

Uma trajetória ascendente, que felizmente prossegue.

A CINTILAÇÃO DA NOITE[1]

ELIANE ROBERT MORAES

TUDO É NOITE na poesia de Roberto Piva. Tudo é noite na paisagem estranha e febril que seus poemas deixam entrever, e é também da noite que tudo nasce, fazendo a vida brotar com inesperado vigor, como no poema inicial de *Abra os olhos & diga Ah!*: "no útero da maçã/ tudo começa/ a anoitecer/ cheio de energia".

Já em *Paranoia* a ênfase do poeta nos cenários noturnos supõe uma forte recusa do mundo emblemático do dia, marcado pela racionalidade do capital e pela rotina do trabalho, em função de um mergulho vertiginoso em domínios mais sombrios, onde predomina o caos. "Visão de São Paulo à noite", por exemplo (também apresentado como "Poema Antropófago Sob Narcótico"), propõe um roteiro psicodélico pelo centro da capital paulistana, vasculhando o "corpo das praças" nas madrugadas para revelar um labirinto obscuro, onde qualquer tentativa de orientação acaba por ceder aos imperativos da desordem. Uma tal opção pela noite, reino da instabilidade, não se resume porém à descrição da paisagem, estendendo-se à

1 Publicado originalmente em Roberto Piva, *Mala na mão & asas pretas* (São Paulo: Globo, 2006), pp. 152-61.

disposição interior do eu lírico: "a lua não se apoia em nada/ eu não me apoio em nada".

Convém lembrar, contudo, que esse estado flutuante, em que tudo se rende ao provisório, indispondo o sujeito a vínculos, jamais se confunde com a solidão. Apesar de misteriosos, os cenários noturnos de Piva pouco têm em comum com as noites funestas evocadas pelos artistas românticos, muitas vezes vividas por personagens solitários, perdidos em meio a uma natureza erma, silenciosa e melancólica. Assim, ainda que o poeta se reconheça como herdeiro da linhagem maldita do romantismo, as paisagens de seus poemas exalam uma agitação e um burburinho que raramente se encontram em seus inspiradores. Nessa poesia pulsante, a escuridão é sempre repleta de acontecimentos, pessoas, objetos, barulhos, e por vezes até mesmo ostensivamente iluminada.

É a noite mundana das boates, dos comércios escusos, das galerias suspeitas, dos bares abarrotados de gente anônima, das saunas de subúrbio, dos lascivos mictórios públicos e sobretudo das calçadas urbanas, onde se cruzam bêbados, artistas, poetas, putas, michês e outros seres estranhos à luz do dia. São todos eles, como se lê ainda em *Paranoia*, "corpos encerrados pela Noite", cuja existência por si só reitera a negação da ordem diurna. Não estranha, portanto, que esse cenário libertino inspire ao autor uma eloquente saudação a Sade, talvez o mais noturno dos escritores, evocado como antídoto à "desolação cotidiana": "A noite é nossa Cidadão/ Marquês, com esporas de gelatina pastéis de esperma &/ vinhos raros onde saberemos localizar o tremor a sarabanda/ de cometas o suspiro da carne" ("Porno-samba para o Marquês de Sade", em *Coxas*).

Enfático apelo aos sentidos, como ocorre em quase toda a produção do poeta, que aproxima de forma inequívoca a vida noturna à potência original do sexo. É o que supõe o poema inicial de *Abra os olhos & diga Ah!*, citado acima, ao associar o útero da maçã a um anoitecer "cheio de energia", sugerindo a eclosão de uma força vital que tem origem no centro secreto de cada ser. Ou o que sugere o autor em "Bar Cazzo d'Oro" (em *Coxas*), valendo-se do insólito título de um livro de Thomas de Quincey para dar a dimensão do impacto que lhe causa uma prosaica cena de bar carregada de sensualidade: "O adolescente estava sentado na mesinha com a maçã encravada no meio. *De l'assassinat considerée comme une des beaux-arts*".

Trata-se, portanto, de uma energia que pulsa dentro do corpo, mas com tamanha intensidade que, uma vez liberada, termina por contaminar a paisagem inteira. Trata-se, em suma, de um impulso sexual que, insaciável, promove a contínua erotização do mundo, reiterando sem cessar o mote da lascívia e da devassidão, como nestes breves versos de *Quizumba*: "garoto bêbado chupando o pau do travesti/ Santa Cecília by night" ("Chovia no teu coração de merda"). A noite, aqui, é invariavelmente sinônimo de sexo.

Tudo é sexo na poesia de Piva. Mesmo as cenas diurnas, transcorridas na mais intensa claridade, são fortemente marcadas por essa atmosfera marginal e libidinosa, a atestar a prevalência da noite até sob a luz do sol. *Coxas*, por exemplo, se inicia com um longo poema ("Os escorpiões do sol") que descreve um encontro erótico entre dois homens no coração da metrópole paulistana. A dicção seca, sem rodeios, a rigor mais próxima da prosa do que da poesia, cria um intervalo entre fundo e forma que contribui para acentuar a estranheza do encontro:

O adolescente ajoelhou-se abriu a braguilha da calça de
Pólen & começou a chupar.
Eram 4 horas da tarde do mês de junho & o sol batia no
topo do Edifício Copan suas rajadas paulistanas onde Pólen
& Luizinho foram fazer amor & tomar vinho.
[...] *Você é minha*
putinha, disse Pólen. Isso, gritou Luizinho, gosto de ser
chamado de putinha, puto, viado, bichinha, viadinho ah
acho que vou gozar todo o esperma do Universo!
Nesse instante um helicóptero do Citibank se aproximava
pedindo pouso & os dois nem ligaram continuando com
suas blasfêmias eróticas heroicas & assassinas.
O guarda que estava no helicóptero então mirou & abriu fogo.
Luizinho ficou morto lá no topo do Edifício Copan com uma
bala no coração.
Por onde é preciso começar?

Se a saga erótica de Pólen, que o leitor acompanha ao longo do livro, tem sua origem em uma situação a um só tempo lasciva e sinistra, isso acontece justamente porque nela o éthos noturno se vê em absoluto confronto com as determinações do mundo diurno. Ao contrapor a lógica implacável do poder financeiro, próprio do dia a dia da metrópole, à ousadia juvenil do par homossexual que em plena tarde de verão sobe ao topo de um edifício para "fazer amor & tomar vinho", os versos de *Coxas* reiteram a opção do autor pela via da transgressão, cuja sintonia com o ideário da contracultura já foi muitas vezes assinalada.[2]

2 Cf., por exemplo, João Silvério Trevisan, "A arte de transgredir (uma introdução a Roberto Piva)". In: Id., *Pedaço de mim*. Rio de Janeiro: Record, 2002; Felipe Fortuna, "Roberto Piva: Pivô da anarquia". *Jornal do Brasil*, suplemento "Ideias", 24 jan. 1987; Claudio Willer, "*Piazzas* de Roberto Piva: Fruição, contemplação e o misticismo do corpo". *Agulha — Revista de Cultura*, Fortaleza; São Paulo, n. 40, ago. 2004.

A volúpia subversiva do amor homoerótico ocupa, assim, o centro dessa poética, sempre evocada como um antídoto contra todo tipo de aparato repressivo, seja do capital, da Igreja católica, dos guardiões dos bons costumes ou de qualquer outra instância de sujeição da libido. Não é por outra razão que a figura do garoto sensual surge em tal contexto como a encarnação da liberdade, da beleza e da própria poesia.

A noite pertence aos garotos e eles estão por toda parte.[3] Basta percorrer as páginas de qualquer livro de Piva para encontrá-los aos montes, como se pode confirmar num breve exame dos títulos publicados neste volume. Seja o "pequeno deus" ou simplesmente o "garoto pornógrafo" de *Abra os olhos & diga Ah!* (iniciado aliás pela epígrafe de Lautréamont declarando amor aos "pálidos adolescentes"), seja o "petit moreno amante" exaltado em *Coxas* ou então o "garoto canalha" de *Quizumba*, seja ainda o prosaico "adolescente da lavanderia" ou um dos "garotos-filósofos de Platão" cantados em *20 poemas com brócoli* — a evocação do amante-menino é onipresente nesse imaginário de forte apelo sexual, que se constrói sempre "à sombra/ das cuequinhas em flor" (em *Abra os olhos & diga Ah!*).

A meio caminho entre a inocência da infância e a vida erotizada do adulto, a adolescência é muitas vezes representada como a porta de entrada na sexualidade, tendo no horizonte um caminho ainda a ser definido. Com efeito, os garotos que povoam a poesia de Piva parecem realmente viver numa espécie de limbo que lhes outorga a possibilidade de assumir qualquer papel, a começar por aqueles ditados pela própria língua: esses "*muchachos ragazzi garçons boys* garotos com vaselinas-antenas" ("Norte/Sul", em *Coxas*), travestidos de anjos, de michês ou de bandidos, podem

3 Para um desenvolvimento do tema, ver Marcelo Coelho, "Solidão e êxtase". *Folha de S.Paulo*, caderno "Mais!", 22 mar. 1998.

realmente encarnar qualquer fantasia. Daí que sejam eles os objetos privilegiados dos inesgotáveis devaneios sexuais do poeta.

Mas, ao lado da celebração do homoerotismo, a obsessão pelo garoto deixa transparecer também uma utopia temporal, traduzida na idealização da adolescência como idade de ouro. Tal sonho de permanência no tempo juvenil — como se fosse possível capturar o que é por definição passageiro — pode até mesmo estar na origem de uma certa ideia de redenção pela pederastia, bastante recorrente nessa obra. Seja como for, tudo acontece como se o contato carnal com os "pequenos deuses" garantisse ao sujeito lírico uma juventude eterna, libertando-o das agruras impostas pela passagem do tempo. Entende-se então o motivo mais profundo da erotização contínua do mundo que marca a literatura de Piva, já que ela promete a renovação incessante do desejo e, com isso, a permanência do poeta nos domínios dionisíacos da adolescência.

Esboça-se aí a fantasia de um tempo eterno, no qual se instaura uma orgia louca e interminável, a reverberar na noite lasciva e absurda que cintila na paisagem sensível — mesmo depois do raiar do dia. Eterna e cíclica, essa temporalidade fundada no sexo promove sem cessar o retorno a um presente que só responde ao princípio do prazer e, por isso mesmo, já não se inscreve na história nem na própria duração temporal: "o relógio que bate as paixões delira" ("Bar Cazzo d'Oro").

Embora imaginada fora do tempo, a vida lúbrica ao lado dos belos garotos tem uma localização espacial bem precisa. É sempre a cidade — ou, melhor, a metrópole — que oferece ao poeta oportunidades infinitas de multiplicar e variar seu moto perpétuo do desregramento, abrindo-lhe as portas da surpresa. A agitação urbana provoca continuamente sua imaginação, incitando-o a inventar nexos novos e insólitos entre os seres e as coisas com que cruza em seus giros noturnos, para criar uma mitologia própria na qual o erotismo se compromete por completo com a sensibilidade cosmopolita.

Nesse sentido, a disposição lírica de Piva pode muito bem ser considerada uma atualização daquele "*état de surprise*" que para Apollinaire definia o espírito do artista moderno que flanava a esmo pela cidade.[4] Não por acaso, um dos poemas de *Piazzas* ("Lá fora, quando o vento espera...") é introduzido ao leitor com uma epígrafe do escritor francês — "*Une nuit de sorcellerie/ Comme cette nuit-ci*" — que se vale igualmente da metáfora noturna para realçar a disposição sensível de um sujeito aberto aos convites da rua. Como que oferecendo uma descrição da insólita noitada à qual alude Apollinaire, os versos do poeta paulistano propõem:

O coração gelado do pavão na noite
ouvindo estrelas
no vazio de um grande piano
não me surpreendendo agora
o sorriso de sua doce anatomia
as pernas quentes no meio da rua
todo o meu rosto deslizando em lágrimas no espelho
o negro animal do amor morreu de fome nos acordes
finais de um peito nebuloso
não outra vez
loiros fantasmas
fornicando em meu olho

4 "A surpresa", diz Apollinaire em 1917, "é o maior motivo novo. É pela surpresa, pelo espaço que concede à surpresa, que o espírito novo se distingue de todos os movimentos artísticos e literários que o precederam" (Guillaume Apollinaire, "L'Esprit nouveau et les poètes". In: Id., *Oeuvres en prose complètes*. Paris: Gallimard, 1991, t. II, p. 951).

Como se pode perceber, a "noite de bruxaria" insinuada pela epígrafe reveste-se aqui de uma tonalidade manifestamente urbana, uma vez que a cidade é o pano de fundo da cena lúbrica: "as pernas quentes no meio da rua". O olhar do poeta para o mundo assume, dessa forma, várias perspectivas ao mesmo tempo: de um lado, mostra-se poroso e até mesmo integrado ao espaço público que se conforma à sua volta; de outro, enfatiza as sensações corporais de uma experiência lasciva, particularizada em detalhes sensíveis, como "o sorriso de sua doce anatomia". A essas duas camadas soma-se ainda uma terceira, bastante recorrente em sua literatura, que opera no sentido de amplificar a intensidade do ato erótico para predispor o sujeito lírico ao delírio: "loiros fantasmas/ fornicando em meu olho".

Com efeito, um dos traços distintivos da obra de Piva é o olhar multifacetado, a instaurar uma visão de mundo a um só tempo social, erótica e delirante. Cumpre notar que o autor se vale justamente da alternância vertiginosa entre esses planos, muitas vezes desdobrada em sucessivas justaposições, para criar um forte efeito de tensão, típico de sua poética. Em razão disso, a vitalidade, a inquietação, o burburinho, e até mesmo um certo tumulto que seus versos manifestam com frequência, não se devem apenas aos temas recorrentes da devassidão cosmopolita, mas sobretudo ao notável pacto entre fundo e forma que estrutura a sua impetuosa lírica.

Mas a reunião dessas três dimensões tão distintas, que supõe uma equação bastante complexa na sensibilidade contemporânea, também denuncia o desafio estético enfrentado por Piva. Afinal, nos dias de hoje já não parece possível sustentar um discurso poético que se volte simultaneamente para as necessidades prementes do coletivo, para as inesgotáveis demandas do desejo e para as derivas sem fim da alucinação. Ou, colocando o problema em outros termos: atualmente, como pode um escritor estabelecer relações sensíveis entre uma tradição revolucionária de fundo libertário, o legado libertino de Sade e a herança visionária de Rimbaud sem se apresentar como um anacrônico repetidor das fórmulas surrealistas?

De difícil resposta, essa pergunta dá a dimensão dos riscos aos quais se expõe o autor, ao mesmo tempo que abre caminho para que se percebam os traços singulares de sua literatura. Assim, ainda que haja uma forte inspiração surrealista na escrita de Piva, sua voz poética sempre se particulariza quando comparada à matriz francesa, a começar pelo efetivo abrasileiramento do imaginário surreal que ela deixa transparecer. Não bastasse isso, seria preciso aludir à vocação "anarcomonarquista" declarada pelo poeta, em franca oposição às simpatias de Breton e seus companheiros pelo marxismo, sem esquecer ainda o diferencial do homoerotismo, rejeitado de forma categórica pelos idealizadores do movimento. Antes de tudo, porém, é no projeto de levar à exaustão uma demanda de radicalidade em todos esses planos que sua dicção própria ganha evidência, conferindo-lhe um lugar único também na paisagem literária do Brasil contemporâneo.

Dito de outra forma: embora aqui e acolá a obra de Piva expresse um certo conteúdo programático, bastante afinado com os arroubos libertários que marcaram os jovens da sua geração, sua tomada de partido pela anarquia acaba por prevalecer sobre a militância ideológica, instaurando um generoso espaço para a experiência da errância e o conhecimento da desordem: "eu não me apoio em nada". Nesse estado flutuante, a sensibilidade inquieta do autor vasculha a lascívia das ruas e das alcovas para então submetê-la ao incansável trabalho da alucinação, apostando no excesso como o único meio capaz de dar conta de uma vertigem que é a um só tempo erótica, estética e existencial.

Escrita insensata, que insiste sem cessar nas próprias obsessões, reiterando o mote transgressivo para deixar a descoberto o princípio de subversão que une definitivamente o sexo à poesia. Escrita arriscada, sobretudo para quem decidiu abraçá-la como tarefa de uma vida inteira, já que a imaginação do excesso não conhece repouso, demandando mais e mais de seus demiurgos. É sempre noite na poesia de Roberto Piva, e o poeta permanece desperto, em constante vigília.

O MUNDO DELIRANTE (A POESIA DE ROBERTO PIVA)[1]

DAVI ARRIGUCCI JR.

a poesia vê melhor
eis o espírito do fogo
CICLONES

DESDE QUE APARECEU, editada por Massao Ohno em 1963, a poesia de Roberto Piva bateu como um ciclone para desarrumar a paisagem paulistana e instaurar seu *mundo delirante*. *Paranoia* revelava um poeta com cara de menino, mas que vinha armado com o *poema porrada* para demolir a cidade e viver o sonho de outra coisa: Nínive será destruída, era o seu vaticínio.

Nesse tempo, não era comum que um poeta se expusesse tanto pessoalmente e, para os padrões da norma poética hegemônica, com seu radicalismo formal — eram os anos do concretismo —, o alarido podia soar como bravata de maluco.

A sequência da obra não desmereceu o turbilhão inicial: acentuou o tom de provocação; a irreverência desbordou, para exprimir, de boca cheia, o desejo de transgressão; a atitude do iconoclasta passou a imperar, não querendo deixar pedra sobre pedra. Na prática, o discurso poético, em versos livres de cortes bruscos e direções imprevistas, mostrou-se ainda mais

1 Publicado originalmente em Roberto Piva, *Estranhos sinais de Saturno* (São Paulo: Globo, 2008), pp. 196-203.

cambiante, conforme as enumerações variáveis da matéria heterogênea e a mobilidade fugidia dos estados de espírito. Por outro lado, expandiram-se as imagens com força alucinada, para condensar em unidade insólita, soldada pela analogia, a multiplicidade caótica da visão do universo.

Desde o princípio, o poeta preferiu o caos no lugar da ordem. Fiel somente ao próprio desejo, saiu em busca das figurações do sonho, assumindo o papel de *enfant terrible*, ser intratável, contra todos e tudo. O anjo rebelde, sexuado e sem papas na língua, siderado por meninos de carne e osso, fez-se então a figura emblemática para anunciar o desconcerto do mundo segundo Piva. E, pelo mesmo gesto, também se tornou personagem de si mesmo; tinha o umbigo cravado em Santa Cecília e destoava da música dominante na poesia brasileira: era o mais novo dos malditos.

O individualismo anárquico, sua marca de fábrica, se alça desde então contra as construções do industrialismo e da modernização conservadora, cuja face predatória vê encarnada na Babilônia capitalista que é São Paulo, desafiada por seu "robô pederasta" e o erotismo desbragado de seus adolescentes de sono quente. A cidade monstruosa, desencontrada de si mesma, surge no espelho dos versos com sua mistura de progresso e atraso, a coleção completa de mazelas, mas também, com o seu secreto encanto: a poesia esquiva de suas praças e ruas — feias, sujas, descuidadas, de repente bonitas —, e vem refletida em imagens passionais de amor e ódio que caracterizam a relação do poeta com seu espaço. Em meio aos flashes da cidade, os recortes de amor trazem o poeta para a alcova ou a sauna, onde o erotismo rola à solta, numa atmosfera lasciva de inferno com ares dantescos, ou na caçada dos amores furtivos pelas ruas como no *Satíricon* de Petrônio.

Nessas imagens, há ainda ressonâncias da *Pauliceia desvairada*; a figura de Mário de Andrade, várias vezes evocada, é o companheiro de andanças erradias pelas avenidas noite adentro.

São, entretanto, variadas as marcas da herança modernista: Murilo Mendes e Jorge de Lima têm presença igualmente fortíssima. Além disso, há a assimilação de muitas outras leituras: de Rimbaud e Lautréamont, de Reverdy e dos poetas do *esprit nouveau*, de Georg Trakl e Gottfried Benn, mas, sobretudo, do surrealismo e da geração beat norte-americana, sem falar, é claro, da poesia italiana contemporânea e de Dante, que, além de inspirá-lo por momentos na transfiguração do mundo, lhe fornece uma espécie de mitologia pessoal da discórdia. É que gosta de comparar um antepassado, que lutou nas Cruzadas e foi queimado por heresia em praça pública, com o avô Cacciaguida, da *Commedia*.

Piva encontrou, porém, uma fórmula nova e original para exprimir a experiência de seu tempo, fazendo das múltiplas citações matéria própria.

Poeta culto e inquieto, ele mobiliza o que lê, o que ouve ou vê — são também recorrentes as referências ao jazz, a compositores eruditos, a grandes pintores —, com a mesma fúria com que investe contra seus fantasmas. A salada não é pequena, mas há um ponto de vista seletivo e o molho comum tem ponta picante.

O fato é que sempre soube resguardar uma atitude pessoal autêntica, de profunda e constante coerência, ao longo do tempo, e deu com uma forma específica do discurso poético, cuja novidade e complexidade é preciso tentar compreender.

A crítica brasileira (e não me ponho fora dela), já de si vasqueira, fez que não viu e voltou as costas para uma obra poética com quase meio século de produção incessante e grande contundência. É claro que a agressividade, a bandeira acintosa do homossexualismo, o desregramento dos sentidos — um traço rimbaudiano a que Piva dá vazão, por vezes com muito senso de humor — não estão aí para tornar ameno o convite à leitura e podem dificultar o reconhecimento crítico. Há uma parcialidade assumida e até reivindicada que pode desagradar a muita gente, assim como a direção-geral do projeto de uma poesia experimental fundada na exigência de uma vida experimental. Ela parece pedir demais do leitor: tanto excesso pode levá-lo a pensar que o delírio do caos esteja instalado de preferência no próprio poeta, trancafiado com seus botões na cidade que escolheu para fazer exorbitar até a alucinação e, sem espanto, ficar vendo óvnis sentado na praça da República. Em resumo: a atitude *enragée* faz o feitiço virar contra o feiticeiro e acaba afastando cautos e incautos. A poesia de Piva, porém, quando ele a alcança, está para além disso tudo. O verdadeiramente difícil não são os espinhos explícitos do radicalismo e da rebeldia, mas dizer o que é a novidade da mistura incandescente que ele inventou, sem reduzi-la ao sabido. E, mais ainda, mostrar seu poder de iluminação: como de vez em quando dá certo, dá com algo que só raras vezes a forma revela, conforme escreveu seu mestre Murilo Mendes. No conjunto e nas partes, compreender criticamente essa obra continua sendo um aberto desafio.

A vontade libertária de renegar a ordem dada e de suscitar pela desordem as imagens de um mundo diferente, aberto por brechas para o livre curso do desejo, mostra que na poesia de Piva, desde o começo, a lírica vem misturada à épica. Poeta andarilho, ele carrega, feito o romancista, seu espelho pelas ruas da cidade, para contar o percurso como uma experiência imediata do presente. Mas não é apenas o conteúdo de uma consciência no presente intemporal ou "eterno" da lírica; é também a narração de um encontro com o mundo ao redor, que se processa e se distende no tempo e traz pulsante a memória histórica da cidade.

Os instantâneos líricos de fato se expandem em ondas narrativas em torno do eu-personagem e de seu meio, além de serem poesia de alcova e de exaltação do amor físico. E, por isso, busca ritmos de fôlego amplo, mesmo com os riscos do excesso e da verborragia.

Seu modo de expressão é uma espécie de *epos* desbordante, pontuado de iluminações líricas, que vai além do verso livre modernista ou do versículo à maneira de Rimbaud ou de Whitman, embora descenda em parte desta última linhagem. É um discurso próximo da oralidade, como se estivesse voltado para a recitação diante de um auditório, à maneira de Allen Ginsberg, mas com uma mistura à moda da casa que o singulariza e uma tensão constante que parece exigir a chama sempre viva do vate inspirado.

Resíduo do tempo forte da inspiração, o poema corre o risco do informe ao preferir a autenticidade da expressão de uma experiência emocional intensa ao trabalho de arte. Embora episódico, o discurso toma a forma de um magma ou fluxo verbal contínuo, derivado da fala, para o qual um ritmo de repetições e associações se torna fundamental, combinando os materiais mais diversos em liga estreita e explosiva.

Ao contrário da lição de João Cabral e de seu toureiro que doma a explosão com mão precisa e pouca, dando "à vertigem, geometria", Piva sente a necessidade da explosão. Basta vê-lo soltar da jaula a onça que pinta às vezes em seus versos como animal totêmico. Em torno dela, o poeta reúne uma "revoada de revoltados" contra a destruição do planeta, enquanto for tempo, pois os tempos não são de solidariedade, e os galos já não tecem a manhã.

A fórmula a que chegou se mostra maleável e impressiva, coadunando-se perfeitamente bem à matéria que tem para cantar e contar. Piva é um rapper antes que o rap tivesse sido inventado.

Como nesse gênero de música, chama nossa atenção para uma difícil poesia que mora nos espaços pobres, no abandono da grande metrópole, onde parece residir apenas o horror do que não se quer ver. Mas são aspectos que, em contraponto, ajudam a compor a verdadeira fisionomia da cidade. Nesse sentido, ele dá voz ao refugo do que se quis, ao outro com que se convive no avesso da ordem dominante. Por isso, provoca aquela surpresa paradoxal que nos faz perceber valor humano mesmo no que parece completamente degradado, ao mesmo tempo que põe em xeque a ordem estabelecida.

Assim, a fala se faz um instrumento poderoso para exprimir as iluminações líricas e os percalços da experiência da rua; canaliza as sobras da metrópole trepidante e predatória, condenada à periferia do mundo globalizado. Antes que esta expressão fosse corrente, a multiplicidade caótica do universo já estava irmanada na visão delirante que ele tem da cidade.

Mas, o que na cidade moderna está fora da alçada do dinheiro e da produção, o que ela própria recalca em zonas periféricas ou marginais, alijando-o de si para a barra pesada de si mesma, é isso o que ressurge com força em seus versos, feito carga obscura de coisas do inconsciente. É o lado sombrio do que todos nós também somos. E *isso* é o que é lançado num rio comum coalhado de dejetos: Tietê imaginário, Anhembi de tempo e esquecimento, aparentemente estagnado, sob o qual flui, no entanto, a corrente gordurosa dos detritos, o lixo rio abaixo, onde jaz a história segregada, refletida no espelho invertido da cidade.

Em grande parte, é a história do que se perde, do que se vai pelo ralo do capitalismo, feito matéria imprestável e sem nome canalizada no canto. E eis que corre nos poemas um *epos* da entropia urbana, do que nela nos assombra e às vezes nos ilumina: visões dantescas e grotescas — o inferno que a própria cidade gera, consome e lança fora, enquanto passam as águas e as palavras.

Esse fluxo poético sem margem, que não teme o informe e a falta da medida, sob o impulso dionisíaco, e que retorna muitas vezes à inspiração de Nietzsche, alimenta-se da fonte originária da lírica que é o ditirambo, para exprimir tanto a alegria jubilosa quanto a mais funda tristeza. Voltado para as grandes emoções, buscando sofregamente o êxtase, deve manter o atrito das contradições nas imagens, em que se fundem palavras elevadas e baixas numa idêntica mistura, em contínuo transe, impelidas pelo ritmo a uma dança frenética de altas tensões. Dessa forma, tende ao sublime, vivendo um jogo perigoso à beira da destruição.

Mesmo falando de coisas rasteiras, do chão do cotidiano e dos amores mais prosaicos, Piva, por força do entusiasmo, no sentido primeiro de estar possuído pelo deus, tende à elevação do discurso, que não perde o aprumo por arrastar de cambulhada o mais baixo ou a mixórdia do dia-a-dia. A herança baudelairiana de suas paisagens urbanas está visível decerto nessa mistura estilística do abjeto com o elevado, mas ressurge mudada por seu poder de transformação dos materiais de empréstimo com que trabalha, sejam velhos ou novos, na sua fórmula pessoal.

É que Piva está de olho mágico no processo de modernização periférica, que marca sua cidade das entranhas até os detalhes mais imperceptíveis, acumulando temporalidades atrasadas e de ponta em camadas mescladas, sem que uma fisionomia definitiva se cristalize na face da mistura em permanente mudança. Em meio ao fluxo, ele flagra o detalhe particular aparentemente aleatório, mas que faz sentido, pois é parte de uma experiência histórica a que de algum modo seus versos dão forma ao glosar o ritmo profundo com que a cidade troca de pele.

Ele é o profeta andarilho que, com antenas poéticas, sai à caça do sagrado oculto no chão desencantado da metrópole moderna. Pode não dar com sagrado algum, mas na busca, acompanha o movimento interior e as contradições da cidade com o ritmo receptivo de seus versos, os choques dissonantes de suas imagens, a energia erótica com que junta o disperso e solda os opostos. O modo como registra subjetivamente na sua própria história pessoal as marcas dessa contínua mudança seria por si só um documento importante.

Mas, na verdade, ele dispõe ainda da visão poética, feita de espírito do fogo, a mais proteica das criaturas, que é ainda o signo de sua resistência prometeica aos deuses baratos da economia. Por meio dela, é capaz de antecipar o vindouro e de ver o invisível, que se esconde, como assinalou Murilo, no visível.

A poesia de Piva depende dessa força visionária da imagem, do assombro imaginativo com que ela é capaz de despertar o leitor, abrindo seus olhos para que diga ah!. É que ela confia no poder cognoscitivo dos estalos da imaginação, em sua faísca de surpresa e revelação, mesmo quando continuamos todos adormecidos, submersos sob a maré das mercadorias.

O legado raro de seus melhores momentos é o da lucidez do êxtase, signo da revolta que preferiu aos louros da academia.

CRONOLOGIA

1937

25 DE SETEMBRO Roberto Lopes Piva nasce em São Paulo, filho único de Sérgio Eduardo Piva, farmacêutico e fazendeiro em Brotas (SP), e de Tereza Lopes Piva.
Passa a infância entre as fazendas da família em Brotas e Analândia, perto de Rio Claro.

FINAL DA DÉCADA DE 1940

Estuda em São Paulo até os quinze anos. "Antes de vir para São Paulo, eu não tinha acesso à literatura. A biblioteca do meu pai [...] era heterogênea, mas cheia de livros inúteis, que não revelam a alma humana em profundidade [...]. De poesia eles não gostavam, não incentivavam e não tinham o menor interesse."

DÉCADA DE 1950

"Eu sempre pratiquei e pesquisei o xamanismo, desde os doze anos. Meu pai tinha [...] um empregado mestiço de índio com negro, o Irineu. Ele me fazia ficar olhando para o fogo. E me iniciou na piromancia."
Não completa o secundário, que concluirá em supletivos nos anos 1970.

1957

Com os amigos Jorge Mautner e João Quartim de Moraes, funda o Movimento Niilista.

1958

Mantém contatos com o Partido do Kaos, de Mautner, José Roberto Aguilar e Arthur Guimaraens, mas não integra o grupo. A *Revista da Semana* (RJ) registra sua participação na Juventude Monárquica de São Paulo, que teria chefiado.

1959

Conhece Claudio Willer, amigo e parceiro de *flâneries* urbanas com quem traduzirá diversos textos da geração beat. Willer sobre Piva: "Quando o conheci pessoalmente, tangenciava as mesas de bar da intelligentsia paulista, lia muito Hegel e Nietzsche, frequentava reuniões de poetas jovens, comparecia a leituras públicas e programas de TV sobre poesia".

1961

Massao Ohno imprime o poema "Ode a Fernando Pessoa" em tiras de papel ("tripas poéticas"), que o poeta vende nos bares do centro de São Paulo.

JUNHO A *Antologia dos novíssimos*, volume 9 da coleção homônima, é lançada pela Massao Ohno. Participa com "Poema I", "Poema II", "Poema III", "Libelo", "Marítima" e "Noturno". Na nota de autoapresentação, elenca suas referências artísticas: "amando jazz Beethoven Nietzsche Dostoiévski Kierkegaard Sartre aceitando Marx Engels Bakúnin Kropótkin influenciando-se por Sá Carneiro Pessoa Guimarães Rosa Graciliano Ramos Mário de Andrade Jorge de Lima Drummond Vinicius".

1962

Distribui nas ruas e bares os poemas-manifestos "O Minotauro dos minutos", "Bílis, bules & bolas", "A máquina de matar o tempo" e "A catedral da desordem", com a assinatura "Os que viram a carcaça", que passará a intitular o conjunto mimeografado.

1963

ABRIL Publica *Paranoia*, seu livro de estreia, pela Massao Ohno. Os vinte poemas são ilustrados por 76 fotografias de Wesley Duke Lee, que também assina a capa e o projeto gráfico.
JUNHO Com Willer, De Franceschi e Bar, entre outros, constitui o Grupo Surrealista de São Paulo, que se reúne semanalmente em bares da cidade. O grupo se dispersa no ano seguinte.

1964

28 DE OUTUBRO Lançamento de *Piazzas* num bar da praça Dom José Gaspar, no centro. É o segundo volume da coleção Maldoror da Massao Ohno.

1965

NOVEMBRO A revista *La Brèche: Action Surréaliste*, órgão oficial do movimento, elogia *Paranoia*, considerando-o "o primeiro livro de poesia delirante publicado no Brasil".

DÉCADA DE 1970

Entre 1969 e 1972, produz shows para bandas de rock alternativo como Made in Brazil, Distorção Neurótica, Zarphus e Joelho de Porco. Completa o secundário e se matricula em estudos sociais na Faculdade de Filosofia, Ciências e Letras Farias Brito, em Guarulhos, e no curso noturno da Escola de Sociologia e Política de São Paulo, onde se gradua. Ao longo dos anos 1970 e 1980, trabalha como professor de história e estudos sociais em colégios de São Paulo.
Publica entrevistas e textos sobre cultura, política e sexualidade, além de diversos poemas, em órgãos da imprensa alternativa como *Artes*, *Versus*, *Patata*, *Singular & Plural* e *Lampião da Esquina*.

1972

FEVEREIRO Entrevista "Roberto Piva: Um paulistano desvairado" sai na *Rolling Stone*. Falecimento do pai, em Rio Claro.
DEZEMBRO Assina a cenografia da peça *As três irmãs*, de Anton Tchékhov, no Teatro Oficina, com direção de José Celso Martinez Corrêa.

1975

A Massao Ohno publica *Abra os olhos & diga Ah!*, capa e ilustrações em colagem de Tide Hellmeister. O livro reúne dezoito poemas.

1976

14 DE JULHO Lançamento da antologia *26 poetas hoje* (org. de Heloisa Buarque de Hollanda) no Parque Lage, no Rio de Janeiro, pela editora Labor. O livro também inclui Ana Cristina Cesar, Francisco Alvim, Chacal, Cacaso, Waly Salomão e Torquato Neto, entre outros.
9 DE NOVEMBRO *Abra os olhos & diga Ah!* é lançado na I Feira de Poesia, promovida pela Massao Ohno no Theatro Municipal de São Paulo.

1978

MARÇO Participa da seção "Feira de poesia" da revista *Almanaque*, n. 6, da editora Brasiliense (SP).
AGOSTO A Brasiliense publica o primeiro número da revista *Caderneta de Poesia*, com poemas seus. Participa do lançamento, na V Bienal do Livro, em São Paulo.
DEZEMBRO Publica os artigos-manifestos "Relatório para ninguém fingir que esqueceu" e "Quem tem medo de Campos de Carvalho?" no primeiro número da revista *Singular & Plural* (SP).
Demite-se de *Versus*, onde escrevia a coluna "Meditações de Emergência", assinando um manifesto com Willer (editor de poesia), Marcos Faerman (editor-chefe) e outros colaboradores contrários às intervenções da Convergência Socialista, tendência trotskista, na linha editorial do jornal.

1979

FEVEREIRO Com João Silvério Trevisan e representantes do grupo Somos, participa da mesa-redonda sobre homossexualidade do curso de férias promovido pelo centro acadêmico de ciências sociais da USP, considerado o primeiro encontro de movimentos organizados de negros, indígenas, homossexuais e mulheres no país.

OUTUBRO *Coxas: Sex fiction & delírios* é publicado pela editora Feira de Poesia (SP), de Willer, no evento homônimo do Theatro Municipal de São Paulo.

1980

JUNHO Sai a segunda edição, revista e ampliada, de *Piazzas*, pela coleção A Ciência da Abelha da Kairós Livraria e Editora, com capa de Wesley Duke Lee e prefácio de Willer.

DEZEMBRO Publica poemas no primeiro número da revista *Bissexta* (SP).

1981

14 DE AGOSTO Lançamento de *20 poemas com brócoli*.

1982

FEVEREIRO Publica o artigo-manifesto "O jogo gratuito da poesia" na *Folha de S.Paulo*.

1983

22 DE NOVEMBRO Lançamento de *Quizumba* pela editora Global (SP), na Livraria Pagu.

1984

JULHO Em entrevista ao Estadão, rejeita o rótulo de "poeta maldito": "Qualquer pessoa que discorde é maldita, um rótulo que atende à preguiça mental, tentativa de pasteurizar e exorcizar o conteúdo da poesia".

1985

11 DE JUNHO Publicação da *Antologia poética* pela editora L&PM (Porto Alegre) na coleção Olho da Rua. O livro reúne poemas de 1963-83 e os manifestos "O século XXI me dará razão (se tudo não explodir antes)" e "Manifesto da selva mais próxima", escritos em fevereiro e outubro de 1984.

1986

JANEIRO Com Glauco Mattoso, apresenta-se no show *Vômito do mito*, da roqueira travesti Cláudia Wonder.

1987

JANEIRO A revista *Cerdos & Peces*, de Buenos Aires, publica seu manifesto "O erotismo dará o golpe de estado".

JUNHO O *Jornal do Brasil* (RJ) publica o poema "Ilha Comprida", inédito em livro. "Já participei de bacanais; de concursos literários, não" (*Estadão*).

1989

ABRIL Começa a escrever a coluna "Sindicato da Natureza" na revista *Chiclete com Banana* (SP).

Colabora em *Nicolau*, revista da Secretaria de Cultura do Paraná, até 1990.

Poemas seus aparecem no segundo número da revista portenha *La Carta de Oliver*, com tradução de Rudolph Linck.

1992

FEVEREIRO Participa do evento comemorativo dos setenta anos da Semana de Arte Moderna, no Theatro Municipal. Entoa "VII cantos xamânicos" (*Ciclones*), tocando tambor.

1997

9 DE DEZEMBRO Lançamento de *Ciclones* pela editora Nankin, na coleção Janela do Caos.

1999

AGOSTO Participa da exposição coletiva "Transcendência — Caixas do Ser", de artes, poesia e design, na Casa das Rosas.

2000

13 DE ABRIL O IMS lança uma edição fac-similar de *Paranoia*, na abertura da exposição "Paranoia: São Paulo de Roberto Piva e Wesley Duke Lee", em sua sede paulistana. O livro será reeditado em 2010, com prefácio de Davi Arrigucci Jr.

NOVEMBRO Com Willer, Mautner, De Franceschi e Haro, além de Carlos Felipe Moisés, participa do média-metragem *Uma outra cidade*, documentário dirigido por Ugo Giorgetti para a TV Cultura de São Paulo.

2003

AGOSTO O Fondo de Cultura Económica da Argentina e a Fundação Vitae publicam a antologia bilíngue *Puentes/Pontes*, que inclui poemas seus.

2004

SETEMBRO Lançamento de *Assombração urbana*, documentário em média-metragem sobre o poeta. Direção e roteiro de Valesca Dios, produção da TV Cultura.

2005

29 DE SETEMBRO A editora Globo (SP) lança *Um estrangeiro na legião*, primeiro volume das *Obras reunidas*, com organização de Alcir Pécora.

2006

13 DE SETEMBRO Lançamento de *Mala na mão & asas pretas*, segundo volume das *Obras reunidas* (Globo).
O IMS organiza o Arquivo Roberto Piva, com manuscritos, recortes e documentos pessoais do poeta.

2007

SETEMBRO Participa do evento comemorativo Roberto Piva, Setenta Anos na Casa das Rosas, onde lê poemas de *Estranhos sinais de Saturno*.
NOVEMBRO Homenageado na II Balada Literária de São Paulo, encontro internacional de escritores.

2008

15 DE MARÇO Lançamento do terceiro volume das *Obras reunidas*. O volume inclui CD com poemas lidos pelo poeta.

2009

A Azougue (RJ) publica *Roberto Piva* (entrevistas e ensaios), organizado por Sergio Cohn para a coleção Encontros.

2010

FEVEREIRO Internado no Hospital das Clínicas, é submetido a uma angioplastia. Agravamento de seus problemas de saúde.
MARÇO Amigos, colegas e admiradores se reúnem no sarau Viva Roberto Piva!, na galeria b_arco, com renda revertida para o poeta.
MAIO Nova internação para tratamento de um câncer na próstata.
3 DE JULHO Morre de insuficiência renal e falência múltipla dos órgãos no Hospital das Clínicas. Seu corpo é cremado.

2011

A Azougue publica *Os dentes da memória: Piva, Willer, Franceschi, Bicelli e uma trajetória paulista de poesia*, de Camila Hungria e Renata D'Elia.

2016

Gustavo Benini, ex-companheiro do poeta, Gabriel Kolyniak, Roberto Bicelli e Claudio Willer, entre outros, fundam em São Paulo a Biblioteca Roberto Piva através de um financiamento coletivo pela internet. A Biblioteca abriga os 6 mil volumes do acervo pessoal de Piva.

Roberto Piva: Antologia postal, com trinta poemas e uma entrevista, sai pela Azougue.

Carta aos alunos, plaquete com poemas inéditos, é publicado pela Biblioteca Roberto Piva, na coleção Gavião de Penacho.

A editora Córrego (SP) lança *Antropofagias e outros escritos* (poemas e ensaios inéditos).

2017

Poesia & delírio (ensaio) sai pela Córrego.

2021

Marcelo Drummond escreve, dirige e protagoniza o monólogo *Paranoia*, inspirado nos poemas do livro de 1963, no Teatro Oficina.

FONTES

ALVES-BEZERRA, Wilson. "Adoráveis marginais". *Revista USP*, São Paulo, n. 93, pp. 224-7, 2012.

COSTA, Diógenes Oliveira da. *Pauliceia desvairada e Paranoia: O "eu" solidário nas entranhas de combate*. Rio de Janeiro: CEH-UERJ, 2015. Dissertação (Mestrado em Letras).

CHAVES, Reginaldo Sousa. "Roberto Piva, periferia-rebelde e estética da existência: Subjetividades urbanas desviantes e manifestos literários no Brasil (1958-1967)". *Vozes, Pretério & Devir*, Teresina, v. 3, n. 1, pp. 94-114, 2014.

HILÁRIO, José Reinaldo Nonnenmacher. *A geração difusa: Roberto Piva, Claudio Willer e Péricles Prade*. Santa Catarina: CCE-UFSC, 2018. Tese (Doutorado em Literatura).

HUNGRIA, Camila; D'ELIA, Renata. *Os dentes da memória: Piva, Willer, Franceschi, Bicelli e uma trajetória paulista de poesia*. Rio de Janeiro: Azougue, 2011.

MATTOS, Ricardo Mendes. *Roberto Piva: Derivas políticas, devires eróticos & delírios místicos*. São Paulo: IP-USP, 2015. Tese (Doutorado em Psicologia).

MORAES, Leonardo David de. "Os arquivos do poeta Roberto Piva: Entre o privado & o público". *Manuscrítica*, São Paulo, n. 35, pp. 126-36, 2018.

RIGAMONTI, Amanda. "Roberto Piva, o poeta rebelde, completaria 80 anos". Itaú Cultural, 25 set. 2017. Disponível em: <https://www.itaucultural.org.br/roberto-piva-o-poeta-rebelde-completaria-80-anos-hoje>. Acesso em: 27 jan. 2022.

VERONESE, Marcelo Antonio Milaré. *A intertextualidade na primeira poesia de Roberto Piva*. Campinas: IEL-Unicamp, 2009. Dissertação (Mestrado em Teoria e História Literária).

______. *Ciclone de si: A leitura e a escrita da poesia de Roberto Piva*. Campinas: IEL-Unicamp, 2015. Tese (Doutorado em Teoria e História Literária).

WILLER, Claudio. “Roberto Piva, poeta do corpo”. *Eutomia*, Recife, v. 15, n. 1, pp. 1-19, 215.
Biblioteca Roberto Piva:
Disponível em: <https://bibliotecarobertopiva.wordpress.com/>. Acesso em: 28 nov. 2022.
Blog do Claudio Willer:
Disponível em: <https://claudiowiller.wordpress.com>. Acesso em: 28 nov. 2022.
Coleção Roberto Piva:
Disponível em: <https://ims.com.br/titular-colecao/roberto-piva/>. Acesso em: 28 nov. 2022.

Folha de S.Paulo
Jornal do Brasil
O Estado de S. Paulo
Jornais e revistas da Hemeroteca Digital Brasileira

SUGESTÕES DE LEITURAS E FILMES

FILMES

ANTES *que eu me esqueça*. Direção: Jairo Ferreira, 1977.

HERÓIS *da decadensia* [sic]. Direção: Tadeu Jungle, Walter Silveira, 1987.

UMA *outra cidade*. Direção: Ugo Giorgetti, 2000.

ASSOMBRAÇÃO *urbana*. Direção: Valesca Canabarro Dios, 2004.

LIVROS

JUVA, José. *Deixe a visão chegar: A poética xamânica de Roberto Piva*. Rio de Janeiro: Multifoco, 2012.

PIMENTEL, Gláucia Costa de Castro. *Ataques e utopias: Espaço e corpo na obra de Roberto Piva*. Curitiba: Appris, 2012.

ARTIGOS EM LIVRO

MOISÉS, Carlos Felipe. "Vida experimental". In: ______. *O desconcerto do mundo: Do renascimento ao surrealismo*". São Paulo: Escrituras, 2001.

TREVISAN, João Silvério. "A arte de transgredir (uma introdução a Roberto Piva). In: ______. *Pedaço de mim*. Rio de Janeiro: Record, 2002.

ARTIGOS EM JORNAIS E REVISTAS

FRANCESCHI, Antonio Fernando de. "Poemas com tensão de curto-circuito". *IstoÉ*, São Paulo, 30 set. 1981.

VASCONCELLOS, Gilberto. "Contra tudo o que não for loucura ou poesia". *Estado de S. Paulo*, São Paulo, 17 fev. 1981.

WILLER, Claudio. "Surrealismo e brócoli". *Leia Livros*, São Paulo, n. 41, 1981.

ENTREVISTAS

ALMEIDA, Miguel. "Epifanias do exotismo sagrado". *O Globo*, Rio de Janeiro, 1 jun. 1993.

ASSUNÇÃO, Ademir; LOSNAK, Marcos; LOPES, Rodrigo Garcia. "Roberto Piva: O gavião caburé no olho do caos sangrento". *Coyote*, Londrina, n. 9, 2004.

COHN, Sergio; MONTEIRO, Danilo. "Encontros/ Roberto Piva". *Azougue*, Rio de Janeiro, 2009.

ESCOBAR, Pepe. "A quizomba poética de Roberto Piva". *Folha de S. Paulo*, São Paulo, 29 out. 1983.

NEVES, Ezequiel. "Roberto Piva, um paulistano desvairado". *Rolling Stone*, São Paulo, n. 3, 1979.

WEINTRAUB, Fabio. "Entrevista com Roberto Piva". *Revista Cult*, São Paulo, n. 34, 2000.

WILLER, Claudio. "Meditações de emergência". Disponível em: <www.revista.agulha.nom.br/ag34willer.htm>. Acesso em: 20 jan. 2022.

ANTOLOGIA PÓSTUMA

Antropofagias e outros escritos. São Paulo: Córrego, 2016.

ÍNDICE DE TÍTULOS E PRIMEIROS VERSOS

ESTA OBRA FOI COMPOSTA POR GABRIEL DUTRA
EM ELIZA REGULAR E IMPRESSA EM OFSETE PELA
LIS GRÁFICA SOBRE PAPEL PÓLEN SOFT DA SUZANO S.A.
PARA A EDITORA SCHWARCZ EM FEVEREIRO DE 2023

A marca FSC® é a garantia de que a madeira utilizada na fabricação do papel deste livro provém de forestas que foram gerenciadas de maneira ambientalmente correta, socialmente justa e economicamente viável, além de outras fontes de origem controlada.